2018年度江苏高校哲学社会科学研究重点项目"基于构式的现代汉语时间系统研究"(项目编号:2018SJZD1159)

基于用法的构式语法研究

严敏芬　李健雪　编著

苏州大学出版社
Soochow University Press

图书在版编目(CIP)数据

基于用法的构式语法研究 / 严敏芬,李健雪编著
. —苏州:苏州大学出版社,2018.12(2019.9重印)
 ISBN 978-7-5672-2656-2

Ⅰ.①基… Ⅱ.①严… ②李… Ⅲ.①语法学一研究
Ⅳ.①H04

中国版本图书馆 CIP 数据核字(2018)第 293886 号

书　　名	基于用法的构式语法研究
编 著 者	严敏芬　李健雪
责任编辑	杨　华
装帧设计	刘　俊
出版发行	苏州大学出版社(Soochow University Press)
社　　址	苏州市十梓街 1 号　邮编:215006
网　　址	www.sudapress.com
邮　　箱	sdcbs@suda.edu.cn
印　　装	虎彩印艺股份有限公司
邮购热线	0512-67480030　销售热线:0512-67481020
网店地址	https://szdxcbs.tmall.com/(天猫旗舰店)
开　　本	890mm×1240mm　1/32　印张:7.125　字数:192 千
版　　次	2018 年 12 月第 1 版
印　　次	2019 年 9 月第 2 次印刷
书　　号	ISBN 978-7-5672-2656-2
定　　价	35.00 元

凡购本社图书发现印装错误,请与本社联系调换。服务热线:0512-67481020

Foreword 前言

可以毫不夸张地说,构式语法,尽管微小,却是一种语法理论(Broccias 2013:191)。构式语法是由 Fillmore 和 Goldberg 等人发展起来的一种语法认知理论。三十多年来,构式语法吸引了来自形式主义、功能主义、心理语言学、神经语言学、语言习得领域及从事语言变异和演变研究的专家和学者的关注,产生了众多的构式主义方法,如伯克利构式语法、基于符号的构式语法、流动构式语法、体验构式语法、认知语法、激进构式语法和认知构式语法。构式语法研究覆盖了语言的不同层面,包括从语素到小句及以上、语言的习得与认知、语言变异与演变。目前,构式语法已发展成为一种成熟的理论,既有分析构架和表征形式,又有坚实的认知和功能基础。构式语法旨在平等对待所有类型的语言表达式,而不考虑某些形式比另一形式更"基本",认为语言表达式的形成是所有语言维度(句法、语义、语用、话语、形态、语音、韵律)共同作用的结果。因此,整体性和基于用法的方法逐渐成为构式语法研究的主要框架。

"基于用法"(usage-based)这一术语由 Langacker(1987)提出,目的在于说明语法是由普遍使用的话语模式规约化而成,或者说,语言结构是某种语言型式(pattern)在语言中重复使用的结果。语言的用法理论将语言结构与人类的认知过程结合起来,强调范畴化、图式化、强化、隐喻、推理和其他识解方式在语言结构形成中的作用。因此,语言的用法理论被广泛运用于语言的构式研究中,成为"构式方法与习得理论、语言加工和语言演变的一个自然的接口"(Goldberg 2013:16),形成了基于用法的构式语法。基于用法的构式语法从理论上对语法构式化和词汇构式化进行了解释（Traugott & Trousdale 2013），从实证上解释了从语素变体到构词再到句法及论元结构构式的演变现象（如 Hilpert 2008，2013a，2013b；Perek 2015）。构式语法是由众多构式流派组成的构式家族，但是各种流派之间还存在研究目的、方法和手段等方面的差异。有鉴于此，Goldberg（2006，2013）对构式语法进行了分类，提出认知语法、激进构式语法和认知构式语法是属于"基于用法的模型"，认为它们属于构式主义方法的主要类别，具有可学得性和概括性的特点。因此，基于用法的构式语法已经成为当今构式语法发展及语法认知研究的主要发展趋势，对促进历史句法学、语言演变研究及语言习得研究有重要的影响。但迄今为止，基于用法的构式语法研究仍散见于论文或个案研究中，尚未见有系统的著作出版。为此，我们对现有相关研究进行回顾和梳理，从理论、方法和研究对象等角度考察语言的用法理论与构式语法的关系，旨在系统地介绍"基于用法的构式语法"这一全新的构式语法理论，促进构式语法理论的发展，也为语言现象的构式研究提供方法论借鉴。

需要补充的是，本书的编著主要依据了 Hoffmann & Trousdale（2013）编辑的《牛津构式语法手册》中的相关成果，同时参阅了 Traugott & Trousdale（2013）、Hilpert（2013a）及 Perek（2015）的研究。在编著过程中，我们首先把与基于用法相关的研究做一整理，然后依据基于用法的构式语法研究的理论、方法和对象进行编排。具体地说，在第一章中，我们概述了构式研究的历史，包括构式和构式语法的起源、早期的构式语法研究及构式的界定与分类；然后对构式主义方法的要旨和核心概念进行简要介绍。在第二章中，我们介绍了构式语法中具有"基于用法"取向的构式语法，包括认知语法、激进构式语法和认知构式语法，关注这些构式语法理论中有关用法理论的观点及论述，目的是说明构式语法与基于用法理论之间的关系。第三章到第六章是本书的核心。第三章和第四章重点介绍了基于用法的构式语法的理论、方法。第五章和第六章介绍了基于用法的构式语法研究的对象。我们将研究对象分两个章节来介绍，目的在于区分研究对象的性质。也就是说,基于用法的构式语法研究涉及语言本体和语言习得两个层面。第五章介绍了语言本体层面的相关研究,内容跨越了从语素到词到句子,再到语篇(话语)层面。第六章介绍了语言习得层面的相关研究,包括第一语言习得和第二语言习得两个层面的内容。

总之,本书目的在于理清基于用法的构式语法研究中所涉及的理论问题和方法论问题。希望本书能给认知语言学研究及汉语的构式语法研究带来一些启示,尤其是为对构式语法研究感兴趣的学者提供帮助。同时,希望本书能成为英语语言文学专业的研究生及对该领域感兴趣的本科生学习构式语法的入门性读物。

顺便提一下,本书仅关注了英语构式语法研究的相关内容,并未涉及汉语构式语法的相关研究。这是本书的不足,也是今后继续研究需要补充完善的一个方面。

最后,我们要感谢江南大学外国语学院提供了浓浓的学术氛围,使我们能够在合作交流中不断汲取学术的养分。感谢认知语言学及其相关研究团队的全体成员,尤其是谢竞贤副教授、秦朝霞副教授、胡纯博士、邢嘉锋老师、王晓静老师、朱敏华老师和刘玲老师。正是你们的参与和奉献,我们才有了今天的成果。同时,感谢苏州大学出版社对本书的顺利出版给予的支持。感谢家人的鼓励和帮助!谢谢你们!

2018 年 5 月

于江南大学小蠡湖畔

Contents 目录

第一章 | 概述   1
   1.1   构式研究的历史   1
       1.1.1   构式和构式语法的起源   1
       1.1.2   基于生成语法的构式语法研究   2
       1.1.3   构式语法研究的认知转向   8
   1.2   构式主义方法   14
       1.2.1   理解构式主义方法   14
       1.2.2   构式主义方法的7个要旨   15
       1.2.3   构式主义方法的5个核心   20

第二章 | 构式语法的基于用法取向   34
   2.1   认知语法   34
       2.1.1   CG和基于用法模型   35
       2.1.2   认知语法中的构式   37
       2.1.3   词素和构式之间的互动   42
   2.2   激进构式语法   43
       2.2.1   RCG和基于用法模型   43
       2.2.2   激进构式语法中的构式   48
       2.2.3   基于构式的语法描写模型   52
   2.3   认知构式语法   54
       2.3.1   CCG与基于用法模型   54
       2.3.2   构式知识的组织   58
       2.3.3   CCG与CxG的异同   62

第三章 基于用法的构式研究：理论 … 63
3.1 构式和范例模型 … 63
- 3.1.1 构式与"所见即所得" … 63
- 3.1.2 构式的范例表征 … 65
- 3.1.3 范例模型的优点 … 71

3.2 语言使用与构式演变 … 73
- 3.2.1 语法化与构式语法 … 73
- 3.2.2 （历时）运作中的构式 … 78
- 3.2.3 构式演变的原理 … 82

3.3 构式化与构式演变 … 83
- 3.3.1 构式演变和构式化 … 83
- 3.3.2 语法构式化和词汇构式化 … 85
- 3.3.3 构式化语境 … 89

第四章 基于用法的构式研究：方法 … 92
4.1 数据和方法论 … 92
- 4.1.1 数据连续统 … 92
- 4.1.2 观察法 … 95
- 4.1.3 实验法 … 98

4.2 构式搭配分析方法 … 99
- 4.2.1 简要介绍 … 99
- 4.2.2 类型与意义 … 100
- 4.2.3 扩展与应用 … 106

4.3 语料库与构式演变方法 … 108
- 4.3.1 语料库与构式演变 … 108
- 4.3.2 构式演变的类型 … 111
- 4.3.3 构式演变的表现 … 112

第五章 基于用法的构式研究：话题(1) … 118
5.1 习语 … 118

  5.1.1 习语是构式 118
  5.1.2 习语行为测量 122
  5.1.3 构式是习语 126
5.2 将来构式 128
  5.2.1 将来时和语法化 129
  5.2.2 理论和方法 132
  5.2.3 结论和启示 137
5.3 语素变体、构词和句法 139
  5.3.1 构式演变与语法化 139
  5.3.2 构式演变的维度 144
  5.3.3 结论与启示 150
5.4 论元结构 153
  5.4.1 基于用法的转向与论元实现 154
  5.4.2 动词、构式与变换 156
  5.4.3 结论与启示 170
5.5 方言、话语和构式语法 173
  5.5.1 方言变异和构式语法 173
  5.5.2 三个案例研究 177
  5.5.3 话语变异性和构式语法 181

第六章 | 基于用法的构式研究：话题(2) 186
6.1 第一语言习得 186
  6.1.1 基于用法的语法学习 186
  6.1.2 早期基于项目的构式 189
  6.1.3 关于构式的浮现 191
6.2 第二语言习得 197
  6.2.1 L2构式 197
  6.2.2 形式、功能和频率 199
  6.2.3 关于意义和形式重构 205

参考文献 210

图表——表

表 1.1	不同大小和复杂度的构式列举	11
表 1.2	语义和/或句法不规则的构式举例	13
表 1.3	不同复杂度和抽象度层面的构式	20
表 1.4	可能作为语言知识的组成部分而存储的短语例子	31
表 2.1	RCG 的构式分类	47
表 2.2	非常见能产性或半能产性构式	57
表 3.1	词汇构式化和语法构式化的异同	89
表 4.1	简单共现词位分析法所需的频率信息	102
表 4.2	显著性共现词位分析所需的频率信息	104
表 4.3	互为变化共现词位分析所需的频率信息	105
表 4.4	多项显著性共现词位分析所需的频率信息	106
表 4.5	基于语料库的构式演变研究	111
表 5.1	基于规则句法表达的习语类型	120
表 5.2	外部特征与限制话语变异的关系	184

图表——图

图 1.1	表达式或语式与构式组合	18
图 1.2	默认的(基于用法的)承继层级例子	25
图 2.1	构式的象征结构	36
图 2.2	语法-词汇连续统	39
图 2.3	能产性渐变体	61
图 5.1	扩展的构式表征	128
图 5.2	将来标记的主要语法化路径	130
图 6.1	词汇和构式符号举例	188

第一章 概 述

|1.1| 构式研究的历史

1.1.1 ▶ 构式和构式语法的起源

构式(construction),即形式和意义的配对,并不是一个新近出现的概念。自亚里士多德以来,构式就一直是语法研究取得重大进展的基础。在结构主义语言学中,构式被看成是语言符号和意义之间存在任意和规约的配对。例如,词根(或词位)和词缀就是一对被语言学家看成是规约化的形式-功能配对体。索绪尔(Saussure 2001)有关语言符号和意义任意配对的构式观,为结构主义语言学对语言的研究奠定了基础。在传统语法中,构式指小句类型,如被动结构、分裂结构。依据形态句法特征和语义特征,这些结构可用来指整个句子,如 X 结构构式、Y 结构构式。在乔姆斯基的生成语法理论中,这些构式被看成是"分类附带现象"(Chomsky 1991:417),是词和规则模型的产物。在生成模型中,构式被视为具有识别某些句法结构类型(如被动构式、wh-构式)的作用。

具体地说,受索绪尔语言符号观的影响,人们发现,语言符号和形式之间的配对能有效用于词和语素的描写,也可用于语法层面的描写,即所有规约化的形式和意义配对的描写。在转换生成语法的早期发展阶段(Chomsky 1957,1959),构式在语法研究中处于中心地位,与具体构式有关的规则和限制是语法研究的规范。可以说,索绪尔的语言符号观通常被理解为最初意义上的构式。后来研究范围逐渐扩大,包括语素、词、习语和抽象短语型式,而探讨此观念的各种语言研究方法则统称为"构式语法"(Construction Grammar)(Hoffmann & Trousdale 2013:1)。

1.1.2 ▶ 基于生成语法的构式语法研究

如果说索绪尔的语言符号观奠定了语言研究的构式语法，那么，真正意义上的构式语法研究，则可以追溯到生成句法学和生成语义学领域。在生成句法学中，以 Fillmore 为核心的生成句法学者在 20 世纪 80 年代开始，对句法理论的功能进行了重新介绍。Fillmore（1988）的核心思想是将语义角色映射到句子的句法成分上。今天，这个目标仍然是构式语法的重心。在生成语义学领域，以 Lakoff 为首的生成语义学者也于 20 世纪 70—80 年代开始关注语法和语义的关系，提出语法是一个复杂的构式清单，包括被动句、分裂句、主语-助词颠倒，认为语法中的每一种构式都有一个共性特点，即在语义上都具有超越其组成成分的特点。也就是说，语法构式（或者说短语层面的表达式）的语义具有非合成性的特点。短语层面表达式的语义非合成性这一特点，即使在 21 世纪的今天，仍然是构式语法的关键概念。

20 世纪 80 年代，Fillmore（1985，1988），Fillmore、Kay & O'Connor（1988），Lakoff（1987）和 Wierzbicka（1988）以习语构式为主要研究对象，论证了语言研究无须借助"转换""派生"或者运用"空语类成分"（empty elements）等生成语法概念，也能对所有的语言现象采取统一的分析方法进行解释，无论这些语言现象是核心现象还是异质边缘现象。这种统一的方法便是构式语法理论。构式语法提供了有关人类语言在心理上可能的生成理论，认为句法、语义、音系和语用知识可以在一个统一的构式中得到表征，而不像生成语法所认为的那样，存在于封闭的语言子系统中。let alone 构式和 What's X doing Y（WXDY）构式就是早期语言构式研究的经典例子。

在《语法构式的规则性和习语性》一文中，Fillmore 等人（1988）提出，习语应该被视为句法表征单位，具有独特的语义/语用功能。为了验证此假设，他们以 let alone 构式为例，从结构、语义和语用特征三个方面对 let alone 构式加以描写。这些特征有些是规则的，有些是异质的。

在句法上，let alone 构式是规则的。该构式是由并列词语 let alone 连接两个韵律上突出或强调的表达式。如例①中的 maths 和 rocket science。

① George doesn't understand maths, let alone rocket science.

let alone 构式在句法上有以下特点：

第一，let alone 主要起并列连词的作用，但不允许所连接的两个成分有相同的句法组织。例如：

② a. Shrimp and squid Moishe won't eat.

　 b. *Shrimp let alone squid Moishe won't eat.

③ a. *Shrimp Moishe won't eat and squid.

　 b. Shrimp Moishe won't eat, let alone, squid.

例②中的 b 句由于与 a 句的句法结构相同，所以不能被接受，而例③中的 b 句与 a 句的结构不同，因而能够得到认可，尽管③a 是一个不合语法的句子。

第二，let alone 与比较词 than 有某些共同之处。尽管如此，let alone 却不允许像 than 那样可以省略 VP。例如：

④ a. John hardly speaks Russian let alone Bulgarian.

　 b. John speaks better Russian than Bulgarian.

⑤ a. Max will eat shrimp more willingly than Minnie will.

　 b. Max won't eat shrimp but Minnie will.

　 c. *Max won't eat shrimp let alone Minnie will.

例④中，a 句中的 let alone 能够解释 b 句中的 than 比较句，因而能够被接受。而例⑤中，c 句由于参照了 a 句 than 的省略方式，因而被看成是不合语法的句子。另外，由于⑤c 中的 let alone 在语义上并不等同于⑤b 中的 but，因而⑤c 也不能作为释义句对⑤b 做出解释，因而被看成是不合格的句子。

第三，let alone 可以被理解为一个否定极成分，与 any 相似。但是 let alone 可以出现在 any 及其他否定极成分无法出现的语境中。例如：

⑥ a. He didn't reach Denver, let alone Chicago.

　b. He didn't reach any major city.

⑦ a. You've got enough material there for a whole semester, let alone a week.

　b. *You've got enough material for any semester.

⑥a 中的 let alone 能够表达像⑥b 中的 any 一样,表达否定极意义,即表示没有去过其他任何大城市。不仅如此,⑦a 出现的语境更加宽泛,能够出现在⑦b 中 any 所不能出现的肯定结构中。

在语义上,let alone 要求听者进行一系列复杂的诠释过程。

第一,let alone 构式具有异质的特征。例①中,两个并列的表达式可以解释为同一个级阶上的两个相对的点。其中,第二个连接的词语(rocket science)比第一个连接的词(maths)在强调作用方面,力度更大。由于 let alone 的作用,例①这个语句传达了这样的信息:由于 George 不懂数学,因此他更不太可能懂得航天科学。产生这一理解的假设是:理解数学是理解航天科学的前提。

第二,let alone 可以被描写为一个否定极项。也就是说,该构式只出现在否定语境中,包括形态句法的否定(如例①、③b、⑥a、⑦a)和词汇上否定的句子(如例⑧)。

⑧ I doubt George can ride a bike, let alone drive a car.

例⑧中的 doubt 表示不肯定,因而能够为 let alone 提供否定的语言环境。

第三,let alone 构式具有语用意义。例①不仅否定了一个特定的命题(George 懂得航天科学),而且还通过提供额外的相关信息(或百科知识信息)否认该命题。该额外信息与第一个连接的词(maths)相关,同时建立由 let alone 连接的表达式之间的蕴含级阶(implicational scale)。具体地说,如果 George 不懂数学,这就意味着他不懂航天科学。该构式义在语用上主要通过否定一个弱命题(如 George 不懂数学)的方式,引起人们对所要否定的那个命题(George 是否不懂航天科学)的关注,进而达到对该命题的更强烈否认。

可见，let alone 构式在句法上既与传统语法有相似之处，但又存在差异。产生差异的原因不能简单地从句法规则方面加以考虑，还需要综合语义和语用方面的知识。这些知识既涉及说者和听者的互动关系，又强调百科知识，尤其是语境知识，即将语用意义引入进来，这样才能对 let alone 的用法进行整体理解。可以说，从句法、语义和语用方面解释 let alone 构式，不仅为语言的习语分析提供了综合视角，也为构式语法研究的整体观奠定了基础。

在 let alone 构式的基础上，Kay & Fillmore（1999）又以 What's X doing Y（WXDY）为例，将构式研究从句法层面扩展到语用层面。该研究关注语法构式和语言概括的关系，为构式语法的研究提供了新的框架。

⑨ a. What's [$_X$ George] doing [$_Y$ kissing that woman]?
　b. What are [$_X$ these dishes] doing [$_Y$ in the sink]?
　c. What was [$_X$ Lily] doing [$_Y$ with my nightie on]?
　d. What's [$_X$ George] doing [$_Y$ with those silver candlesticks]?
　e. What was [$_X$ Lily] doing [$_Y$ without a solicitor]?
　f. What is [$_X$ Lily] doing [$_Y$ covered in spaghetti]?
　g. What is [$_X$ Lily] doing [$_Y$ naked]?

例⑨显示，WXDY 构式由 4 个部分组成，两个固定部分为 What's（W）和 doing（D），两个可变部分为 X 和 Y。固定部分的 W 和 D 构成了特殊疑问句的一般格式，X 部分一般指有生命的主体，或者说是施事；Y 部分可以被看成是补语，或者说是对 D 的补充说明。WXDY 构式有很强的能产性，能够生产许多具体的例子。构式的 Y 部分特别灵活，可以由各种不同的范畴引导：动词分词的形式，如 kissing（⑨a）、covered（⑨f）；介词，如 in（⑨b）、with（⑨c）、without（⑨e）；形容词，如 naked（⑨g）。Kay & Fillmore（1999：4）以一则《汤中蝇》笑话为例，详细分析了 WXDY 构式的特点，旨在说明语言中确实存在这一习语构式。

⑩ **Diner**：Waiter，what's this fly doing in my soup?
　Waiter：Madam，I believe that's the backstroke.

例⑩这一场景发生在一家饭店，是食客和服务员之间的一个对话。食客发现用餐的汤里有一只苍蝇，便向服务员提出了这个问题："What's this fly doing in my soup?" Kay & Fillmore(1999)认为，食客的这个问题有两个可能的解释。一个是有关场景的直接信息，即苍蝇在我的汤里干什么？另一个是与描写的场景不一致的信息：我的汤里怎么会有苍蝇的？在这则《汤中蝇》笑话中，服务员回答的是直接信息问题，这显然与食客的意图意义"错配"，因为根据常理，食客在用餐中是不希望看到有苍蝇出现在汤水中的。但正是服务员的回答方式（故意避开意图意义，选择直接信息回答），才使这个对话变成了笑话。这一现象也正好阐释了 WXDY 构式在语言中是存在的，并且具有像 let alone 这样的习语构式所不具备的性质，即形式与意义或功能的不匹配。

与 let alone 构式一样，WXDY 构式具有可以识别的结构和语用特征，也是一个能产性极高的形式习语。从语用的角度看，由于 WXDY 构式产生了与直接信息（W、D）不一致的判断，因而具有特殊指称效果，产生特殊的语用意义。从结构上看，WXDY 构式具有某种异质的语法特征。也就是说，为了实现不一致的解读（上述第二种解释），WXDY 构式必须包括以下三个方面的语法特点：

第一，WXDY 构式中表示动作的动词必须是动词 do，而不是其他动词，如 eat, play 等；

第二，WXDY 构式中的动词必须是现在分词形式，与 be 动词构成进行时关系，表达动作正在发生的意义；

第三，WXDY 构式不允许 be 或 do 以否定形式出现，尽管可以否定 Y 部分（如⑨e）。

以上案例显示，构式语法研究的动因是建立在生成语法基础之上的，或者可以说是基于生成语法的构式语法研究，目的在于反对"词和规则观"，或者说是"原子观"（atomistic view）。所谓词和规则观，指的是词汇项目首先接受短语结构规则的组装，进入复杂的单位，然后，这些单位被指派，形成合成意义，只有到最后才接受语用加工。不仅如此,基于生成语法的构式语法研究反对语言系统的模块观,认为作为语言知识或能力的组成部分,说者同时拥有如下信息,包括形态句法模式,这些模式所专属的语义解释原则,以及这些模式所发挥的语用功能等信息的集合(Fillmore, et al. 1988:534)。换句话说,基于生成语法的构式研究已经意识到了语言使用者在语法建构中的作用,语法构式中已包含了说者认知的成分,避免了词和规则观单一的自下而上模式,建构了具有概括性的语法构式模型(如 WXDY 构式),能够对形成构式基础的语式(construct)进行概括。

由于基于生成语法的构式语法研究建立在宽泛的生成范式的基础之上,此阶段的构式语法模型属于非派生的单层模型(non-derivational monstratal model),因此,该模型并没有采用短语结构规则将词集合到短语或句子中。相反,该模型出现了表征句法模式的构式,如中心词-补语构式,并以此表示词汇中心词(如动词)与补语(如宾语)之间的结构关系。这种非派生的单层模型不仅能够反映不同范畴间基本的结构关系(如 VP、AP、PP、NP),也能反映主语 NP 和谓语 VP 关系的主位构式。除了各种构式类型外,该模型还包含许多原则,能够确保短语(如动词引导的动词短语)成分共享短语中心词所具有的范畴特征。或者说,该模型能够确保该短语受中心词管辖,从而具有相关特征的成分,以某种方式组成补语。

Kay & Fillmore 的构式语法模型将各种构式通过承继关系(inheritance relation)联结在一起。构式特征的承继方式是:具体构式承继更具概括性构式的特征。例如,VP 构式(具体构式)承继中心词-补语构式(概括性构式)的全部信息。但在此基础上,VP 构式又进一步增加信息,包括中心词的范畴及 VP 需要主语的信息,目的是对中心词的配价需求进行补偿。WXDY 构式有许多规则的句法特征,这些特征是该构式从其他不够具体的构式中承继而来的。首先,WXDY 构式包含中心词-补语结构和主谓结构。这就是说,该构式承继了构成规则和习语构式这两个基本构式的特征。这两个基本特征反过来又被概括性构式所承继,如被 VP、PP 等具体的范畴实例化构式所承继。可以说，习语构式共享所有规则构式的许多特性。其次，WXDY构式承继了左孤立构式（left isolation construction）的句法特征。该构式包括规则的疑问句及由该疑问句组成的习语构式。最后，WXDY构式承继了共实例化（coinstantiation）构式的特征，目的是将一个NP联结到两个不同谓语的主语配价上去。除了这些规则特征外，WXDY构式还有许多特征使该构式具有习语性。这些特征不仅包括构式的形态句法特征（依据动词doing的形式，或对否定的限制），而且还包括构式的意义，使该构式具有明显的、异质的意义，即不能从组成构式的成分中直接预测的意义。这一观点与构式语法的特征是相吻合的，因为构式语法中的表征不仅包括句法信息，而且包括与论元结构相关的语义信息，还包括语用信息。

另外，基于生成语法的构式语法模式创造性地将说者与语言意义的理解结合起来，并考虑了说者的讲话意图。WXDY构式的意图性错配与话语幽默的关系就是一个典型的例子。在Kay & Fillmore（1999）看来，说者知识不是分开的，而是围绕一个代表性的构式聚类而成。构式具有能产性，并且是高度结构化的。如果说let alone的研究将语言中的习语提升到了构式的层面，那么，WXDY构式的研究则将习语构式的范围扩大到了话语层面。这不仅确定了语言中构式的存在，而且还表明构式能够出现在语言的不同层面上。显然，let alone和WXDY是建立在形式主义基础之上的构式研究。虽然该类构式研究并没有从整体的角度考察语义和语用意义，而是将两者分开处理，但这些案例不仅为早期语法构式模型奠定了基础，也为随后的构式语法研究奠定了基础。

1.1.3 ▶ 构式语法研究的认知转向

Fillmore等人（1988）将习语再概念化（reconceptualization）作为象征单位，为语法的构式研究开启了先河。同时，Kay & Fillmore（1999）的WXDY构式研究也为语法的构式研究提供了可以借鉴的模式。如果说上述两个个案研究还没有完全摆脱生成语法的桎梏的话，那么以 Lakoff(1987)、Langacker(1987)和 Goldberg(1995)等为代表的构式研究则发生了质的改变，出现了认知转向，对构式的界定和分类也日臻完善和细化。以下对一些有影响的构式定义、分类及相关研究做简要介绍。

（一）构式的界定

通常认为，构式，即形-义配对（form-meaning pairing）。但是，不同的学者对构式有不同的理解。Langacker(1987)从认知语法的角度，将构式界定为象征单位（symbolic units），即形式和意义及/或功能的配对。Goldberg(1995:68)认为，这些形-义配对通常是异质的，因为构式的意义不能从构式的组成成分中派生出来，也不能从其他已有的语言事实中派生出来。Goldberg(1995:4)给出了构式的经典定义：

> C 是一个构式，当且仅当 C 是一个形式-意义的配对 $\langle F_i, S_i \rangle$，且 C 的形式（F_i）或意义（S_i）的某些方面不能从 C 的构成成分或其他先前已有的构式中得到完全预测。

在这个定义中，F 代表形式，S 代表语义，$\langle F, S \rangle$ 代表一个象征单位。下标（$_i$）代表形式和意义之间的象征链接。该定义关注的核心问题是可预测性（predictability），并且在可预测性的基础上与合成性（compositionality）发生联系。在 Goldberg(1995)看来，如果一个单位的形式或意义的任何一方面不能从其构成成分的特征中得到预测，那么这个单位就是一个构式。因此，黏着语素（如复数形式-s）和自由语素（单形词，如 cat）都是构式。由于缺少合成结构，黏着语素和自由语素都不能从其构成成分中得到预测，因此这类语言形式也称为构式。

Goldberg 和 Langacker 都从整体的角度对构式进行了界定，肯定了构式是在形式和意义上的统一体。但是，两者对构式的界定存在一定的差异。首先，Goldberg 将 Langacker 认知语法理论中不具备构式身份的形-义配对（如黏着语素和自由语素），纳入了构式的范畴。其次，一个复杂的词、短语或句子，在 Langacker 的理论中都是构式，但在 Goldberg 的模型中，只有当其形式或意义不能从其次要成分中得到预测,才能被看成是一个构式。显然,Langacker 突出强调规约化在形-义配对中的作用,因而排除了某些不能独立成词的黏着语素及形式单一的自由语素。而 Goldberg 则从意义出发,强调不可预测性在构式形成中的作用。随着研究的进一步发展,尤其是构式与语言习得关系认识的进一步深入,Goldberg(2006:5)又对构式进行了重新界定与修正:

> 任何语言格式都可以被看成是构式,只要其形式或功能的某个方面不能从其组成成分或从其他已有的构式中得到严格的预测。另外,只要格式以足够的频率出现,即使这些格式完全可以预测,也可以作为构式存储。

Goldberg(2006)对构式的这一界定,发展了 Goldberg(1995)有关不可预测性这一构式理解的核心思想,认为不可预测性并不是构式的唯一身份标志,频率特征才是界定构式的唯一标准。也就是说,只要任何语言形式有足够高的频率,人们就有可能存储该格式,并形成形-义配对的构式。这里的频率因素与 Langacker 所说的规约化有一定的关系,即两者都从基于用法的角度认识构式。所不同的是,Goldberg(2006)的定义还增加了构式形成中语言使用者的作用。可见,修正后的构式定义不仅拓展了 Langacker 的基于用法的思想,而且为构式语法与基于用法的语言理论的结合提供了重要的依据,也拓展了构式分类的范围和细化标准。

(二) 构式的分类

自 Fillmore 等人(1988)之后,"构式语法学家逐渐认识到,语法组合实际上完全是垂直的"(Croft & Cruse 2004:247-248),而这个垂直组织的图式表征可以延伸至心理词库(mental lexicon),或者说延伸至构式。正如 Goldberg(2013)所说,词与语法框架间的区别是一种程度上的区分,而不是性质上的区分。因此,对构式的描写可以沿着两个参数进行,一个参数是复杂性,另一个参数是图式性。就复杂性而言,构式存在简单构式和复杂构式的区别。一般来说,语素和词是简单构式,而习语和语法框架由于复杂度呈逐渐增加的趋势,因而属于复杂构式。就图式性而言,构式存在抽象程度和词汇说明(lexical specification)详略度的区别。一般来说,词是词汇上详述的构式,语法框架根据插入的词汇材料达到最大限度的抽象,因而是无须词汇说明的构式。习语则是处在这两个极端之间的构式。基于以上认识,Goldberg(2003,2006)依据大小和复杂度两个维度对构式进行了分类和列举(见表1.1)。

表1.1 不同大小和复杂度的构式列举

构 式	形式/举例	功 能
语素	如:anti-, pre-, -ing	
词	如:avocaco, anaconda, and	
复杂词	如:daredeveil, shoo-in	
习语(完全填充的)	如:going great guns	
习语(部分填充的)	如:jog (someone's) memory	
共变条件构式	形式:The Xer the Yer (如:The more you think about it, the less you understand)	意义:将自变量和因变量联系起来
双及物(双宾)构式	形式:Subj (V Obj_1 Obj_2) (如:He gave her a Coke; He baked her a muffin)	意义:转移(有意的或实际的)
被动构式	形式:Subj aux VPpp (PP_{by}) (如:The armadillo was hit by a car)	话语功能:将经历者变成话题,并/或将行动者变成非话题

(参见 Goldberg 2003:220;2006:5)

表1.1显示,英语中的构式存在大小和复杂度的不同,小到语素(如 anti-, pre-, -ing),大到抽象的句子结构(如共变条件构式、双及物构式和被动构式)。Goldberg(2003)以表1.1中的共变条件为例,对构式的特征进行了分析。共变条件构式(如"The more you think about it, the less you understand")由两个变量组成,一个是自变量(由第一个短语表示),另一个是因变量(由第二个短语表示)。the这个词通常出现在由名词作为中心词的短语的开头。但在这个构式中,该定冠词the需要接一个比较短语。该构式的两个主要短语不可以再分为名词

短语或小句。这两个短语在没有连接词的情况下构成并列关系，表明该型式具有不可预测性。也就是说，由于该型式不是严格意义上可预测的，因此该构式规定了其所包含的具体型式与语义功能。

可见，构式不仅在大小和复杂性上有所不同，而且在表达的意义上也有所不同。例如，内容词属于一种非常具体的构式类型，其意义通常特别丰富，因为这些词常常用来描述非常详细的对象或情况。相比之下，较为抽象的构式，如被动构式，其意义的丰富性相对较低，因为被动构式仅仅呈现了事件的不同视角，编码了一个相对抽象的意义，即视角从主动向被动转移的意义。

(三) 图式构式的相关研究

在 Fillmore 等人（1988）关于 let alone 的个案研究之后，在认知-功能语言学内部出现了一系列有影响的研究。这些研究从构式主义视角出发，或者至少从与构式语法视角相一致的原则出发，对构式进行了研究。此类研究的目的在于探讨语义和句法上或多或少不规则的图式构式现象（见表 1.2）。从表 1.2 列出的几个例子中可以看出，语言的构式研究范围已经大大超出了 Fillmore 等人（1988）及 Kay & Fillmore（1999）的研究，而且研究方法也更加复杂和精细，涉及对复杂性参数、词汇规范、语义和句法的描述，涉及省略限定词、it-分裂句、指示性 there 构式、同义反复、句法混合、《疯狂》杂志构式、NPN 构式、名词外置构式、TIME away 构式、前置构式，同时也包括 Kay & Fillmore(1999)的经典研究，形成了构式研究的基本模式和框架。

构式语法属于后生成方法（post-generative approaches）的范畴，被冠以"认知语言学"的标签。Fillmore 等人（1988）和 Kay & Fillmore（1999）在发展构式语法方面的贡献在于建立了象征主题。他们认为，语法的词和规则方法，虽然能够解释语言中许多规则的现象，但是不能解释语言中的不规则现象，而不规则代表了语言中有意义的子集，具有重要的研究价值。构式语法转向后的研究主要分两个阶段进行。

第一阶段，以构式为出发点寻找并解释语言中的不规则现象，认为一旦建立了解释不规则现象的原理,那么,同样的原理也应该能够解释规则现象。依据这一假说,基于概括性承诺,这一阶段的构式研究将象征主题从词扩大到复杂的语法构式。概括性承诺是指一套共同规则,用于解释所有的语言单位,包括语音、意义、词汇和语法。

表1.2　语义和/或句法不规则的构式举例

构式名称	举例(参考文献)
省略限定词(omitted determiner)	I don't think Mac/*cabby, that this is the best way to go.
it-分裂句(it-cleft)	It is against pardoning these that many protest.
指示性 there 构式(deictic there construction)	There goes the bell now!
同义反复(tautology)	Boys will be boys.
句法混合(syntactic amalgam)	There was a farmer had a dog.
have/give/take a V	have a drink, give the rope a pull, take a look at
《疯狂》杂志构式(*Mad* Magazine construction)	Him, a doctor?!
NPN 构式(NPN construction)	house by house, day after day
名词外置(nominal extraposition)	It's amazing the difference!
TIME away 构式(TIME away construction)	twistin' the night away
前置(preposing)	It's very delicate, the lawn.
What's X doing Y?	What's that fly doing in my soup?

(参见 Wulff 2013：277)

第二阶段,依据构式视角所做的发现,将不规则语言现象的研究方法应用到规则语法中去。这个领域最重要的发展是 Adele Goldberg 的研究。Goldberg 于 1995 年出版的专著《构式：论元结构的构式语法研究》可以被视为这个方面的标志性成果。受 Kay & Fillmore 和 Lakoff(尤其是其 1987 年对 there 构式进行的个案研究)对构式研究的影响,Goldberg 发展了基于生成语法的构式语法研究,将不规则的习语构式的路径探寻扩大到规则的构式的路径。为了实现这一目标,Goldberg 围绕动词论元构式展开研究。换句话说,Goldberg 考察了日常句子,如及物和双及物,并依据她所发现的模式建立了构式语法,为日后的构式主义方法打下了基础。

1.2 构式主义方法

1.2.1 ▶ 理解构式主义方法

自 Goldberg(1995)出版《构式:论元结构的构式语法研究》一书以来,构式已经发展成为语言研究的一种新的理论方法,即构式主义方法(constructionist approaches)(Goldberg 2003)。构式主义方法旨在说明关于语言的全部事实,视所有的语言维度(句法、语义、语用、话语、形态、语音、韵律)同等重要地作用于语言表达式的形成,不强调语言的某一部分比另一部分更基础,不假定某些数据比另外的数据更核心。

构式主义方法允许直接对构式进行观察,认为非常规的结构能够揭示更广泛的现象,能够为长期以来的语言研究传统提供框架,能够用于对普遍概括的模式和更有限制的模式进行充分的分析和解释。这是因为构式语法强调的形式-意义/功能的配对,既有别于不重视功能的生成方法,也与不重视形式的功能方法不同。因此,构式语法也关注生成语言学所关注的问题:(1)为什么我们能学得所有复杂的语言现象,并且能够生成一系列无终止的话语?(2)我们如何解释跨语言概括,包括语言内部的概括?对这两个问题的回答表明构式主义方法与主流的生成方法持有相同的基本观念。

具体说来,构式主义方法和生成语言学方法都认为必须将语言视为认知(心理)系统。两种方法都承认,必须有一种方法将结构结合起来,创造出新颖的话语。这两种方法都认识到需要有一种不一般的语言学习理论。但众所周知,由于构式语法是在生成语法的基础上发展起来的(Fillmore, et al. 1988; Kay & Fillmore 1999),因此,构式主义方法与主流生成方法存在明显的差异。根据 Goldberg(2003;2013),这些差异主要体现在构式主义方法所秉承的要旨及基本原理等方面。

1.2.2 ▶ 构式主义方法的 7 个要旨

为了说明构式主义方法与生成语法方法的不同,Goldberg(2003)总结了构式主义方法的 7 个要旨。以下有关构式主义方法的观点和例句全部来自 Goldberg(2003)的论文《构式:新的语言理论方法》。

要旨 1:所有级别的描写都被理解为包含形式与语义或形式与话语功能的配对,这些语言级别包括语素或词、习语、部分词汇填充的短语模式和完全抽象的短语模式。

要旨 2:重点放在我们设想事件和事态方式的细微方面。

要旨 3:句法形式采用了"所见即所得"的方法,不设想存在潜在的语法级别或任何语音上空缺的元素。

要旨 4:构式是可以学得的,因为构式建立在输入的基础上,遵循一般认知机制,因而构式预期存在跨语言差异。

要旨 5:跨语言概括的解释主要依据一般认知约束及所涉及的构式的功能。

要旨 6:与特定语言有关的跨结构概括,可以通过承继网络进行。这些网络与我们用以概括非语言知识的那些网络很相似。

要旨 7:我们全部的语言知识都由构式网络建构,即一个"构式之我建"(construct-i-con)。

Goldberg(2003)从什么是构式、构式的功能、构式的形式、构式的学得、构式的跨语言概括、构式的语言内概括及构式网络这 7 个方面对构式主义方法的核心思想进行了阐述。

要旨 1 回答了构式是什么的问题。构式主义方法从构式的定义和分类两个方面重新阐述了对构式的理解。首先,构式主义方法对构式进行了重新界定,即在原先强调形式与语义或功能的某些方面存在不可预测性(见 1.1.3 Goldberg 1995:4 的定义)的基础上,增加了识别构式的频率因素。Goldberg(2003)依据当下普遍认可的构式主义方法,认为"即使语言型式是可完全预测的,但只要这些语言型式以足够的频率发生,该型式就可被存储"。在构式主义方法下,由于形式与意义或功能受不可预测性和频率效应的双重作用,因而存储在大脑中的构式在意义上也有不同。这进一步肯定了构式在大小方面和复杂性上的差异(见表1.1)。

其次,频率作用对构式大小和复杂度的影响。Goldberg(2003)发现,共变条件构式(the more ... , the more)的意义不能直接从形式中得到预测,这是一种非常见情况,因为大多数构式的产生都与使用的频率有关。例如,滞留介词构式(stranded preposition construction)是一种非常规现象,却在某些日耳曼语讲话者的口语中频繁使用,成为母语为英语的讲话者不可或缺的语言资源。从跨语言的角度看,像被动、话题化(topicalization)和关系从句等许多常见的型式都是可以学得的构式,因为这些型式都是形式和功能的配对,其形式特征都具有某些交际功能。另外,由于使用频率高,即使是基本的句子型式也可以理解为构式。例如,论元结构构式(argument structure construction)(Goldberg 1995)中的主要动词,通常可详细说明语义和/或句法信息,因而能够对论元结构的型式和基本句型做出解释。另外,由于论元结构构式提供了表层形式与一般解释因素之间的直接联系,因此出现了能产性丰富的论元结构构式,包括及物构式、不及物构式、双及物构式、way构式等。

构式主义方法认为,构式可以出现在语言的各个层面,而且存在大小和复杂度的不同。除了书面语外,代表母语特色的口语体中也存在构式。因此,构式能够有效解释语言的所有现象,包括异常的和特别复杂的型式、基础的和常规的语言型式。

要旨2回答了构式的功能问题。这里所说的功能,指的是构式的语义概括和有关信息结构属性的概括。从语义概括来说,构式主义方法肯定语言形式与功能之间的配对关系,但同时强调不同的表层形式与其对应的语义或话语功能方面也存在差异。譬如,双及物构式的形式为Subject-Verb-Object$_1$-Object$_2$,可以用来表示双及物形式所传达的转移或给予概念。但是,如果表层形式存在差异,该构式的给予义也会发生变化。

⑪ a. Liza bought a book for Zach.

　b. Liza bought Zach a book.

⑫ a. Liza sent a book to storage.

　b. Liza sent Star a book.

　c. ?? Liza sent storage a book.

例⑪a 表示 Liza 为第三方 Zach 买了一本书，可能由于某种原因 Zach 自己不能购买；例⑪b 则表示 Liza 买了一本书送给 Zach。同样，虽然例⑫a 表示致使移动到某个位置（致使该书移动到书库），但是该双及物型式要求目标论元是一个生命体，并且该生命体能够接收转移的项目（如例⑪b）。例⑫c 中的目标论元是无生命的 storage，因而不具备接受转移项目的能力。

从信息结构属性的概括性来说，构式主义方法强调构式的表层形式也受说者与听者关系的影响。说者在讲话时往往会对听者做出一些假设。比如，由代词编码的接受者论元，或称已知信息，通常在话语中已经提及过。因此，对听者信息的假设方式不同，构式的表层形式也会发生相应的变化。当然，整个构式的使用，包括语域（如正式或非正式）、方言变异等，也被祢为构式的一部分。无论是语义概括还是信息结构属性概括，构式都表现出一个表层形式和一个相应的功能，构式主义方法能对此做出直接的解释。

要旨 3 回答了构式的形式问题。为了发现表层形式的意义与话语特征之间的差异，构式主义理论没有采取主流生成理论通常的做法，强调形式之间的派生关系，而是强调真实的语言表达式，或称"语式"(construct)，认为语式是由多个不同的构式组合而成的。具体地说，表层形式不需要说明特定的词序或语法范畴。比如，在图 1.1 中，a 句的语式包含了 b 句的系列构式，通常至少包括 6 种不同的构式组合。

在图 1.1 中，双及物构式最显著的论元顺序是由 verb-phrase (VP)构式与问题构式(question construction)的组合决定的，后者允许主题论元(由 what 表示)出现在句子初始位置。构式主义方法指出，只要不冲突,构式可以自由组合,形成真实的表达式(语式)。也正是构式的这种自由组合,进一步说明了语言具有无限创造的潜力。

> a. [What did Liza buy the child?]
>
> b. a) Liza, buy, the child, what, did 构式(即词汇)
>   b) 双及物构式(What ... buy the child)
>   c) 问题构式([What did Liza buy the child?])
>   d) 主-助倒置构式(did Liza)
>   e) VP 构式(buy the child)
>   f) NP 构式(What ... Liza ... the child)

图 1.1　表达式或语式与构式组合

要旨 4 回答了构式的学得问题。构式主义方法提出了大多数构式方法(constructional approach)所主张的基于正向输入(positive input)的构式学得观。所谓正向输入,是指在了解功能及形式的基础上,通过类比方式(将一构式看成另一构式的实例)进行的学习。每种语言都存在着广泛的半特异性构式(semi-idiosyncratic construction),即一般的、普遍的、固有的原则或约束所不能解释的构式,因此,正向输入平等地看待语言的不同层面,无所谓中心或边缘,也不在乎频率的高低。也就是说,构式是可学得的,不管是第一语言还是第二语言,学习者无须与语言能力(language faculty)特有的原则之间建立硬件连接,或者说无须拥有普遍语法(universal grammar)。

要旨 5 回答了构式的跨语言概括的问题。所谓构式的跨语言概括,是指从类型学的角度寻找可能构式的类型及其限制。构式主义方法常常从语法外部寻找解释,如普遍功能压制(universal functional pressure)、象似性原则(iconic principle)及加工和学习限制(processing and learning constraint),用以说明这种从经验上可以观察到的跨语言概括。比如,可以通过象似性和类比过程来解释形式和意义的跨语言连接现象,可以借助构式的功能加工来解释长距离依存构式（long-distance dependency construction）的限制或词序选择的变换现象。总之，构式主义方法主张通过普遍认知机制和基本语义范畴来解释构式的跨语言概括现象。

要旨6回答了构式的语言内概括问题。构式的语言内概括是指通过语言型式之间的承继等级（inheritance hierarchy）对各种知识（如概念知识）进行表征。构式主义方法基于构式的框架（construction-based framework），通过相同类型的承继等级发现特定语言中的语言概括。概括从高到低包括三个层级：宽泛概括、受限概括和底层概括。宽泛概括是由许多其他构式承继而完成的概括（构式）；受限概括是由层级网络不同中间点位置上的定位构式（positing construction）所进行的概括，一般指数量更多的型式；底层概括是指获得异常型式（exceptional pattern）的概括。比如，"What's X doing Y?"构式具有固定的形式，暗含某种意想不到的事情，表达惊讶和不满的意义。该构式承继了其他几个更一般构式的属性，包括左孤立（left isolation）构式、主-助倒置构式、主-谓构式和动词-短语构式。这类固定形式的意义经反复使用而得到强化，从而形成了英语语法的一种型式。

要旨7回答了构式的走向问题。构式主义方法认为，构式网络涵盖了我们有关语言的全部知识，因此构式网络促成了构式成为一种基于构式的（construction-based）理论。换句话说，网络中的构式会一直延伸开来，构式会一路走下去。

构式主义理论的出发点是将我们所有的语言知识视为形式和功能的配对。构式主义方法并不认为语言应该被分为核心语法和被忽视的边缘。在识别构式时，重点放在识解（construal）的细微方面及表层形式上。跨语言概括遙过普遍认知限制连同相关构式的功能得到解释。与跨语言概括相关的跨构式概括，可以通过承继网络得以完成。构式清单是可以学得的，即可以在输入和普遍认知机制的基础上，学得语素或词、习语、部分词汇填充和完全抽象的短语型式等构式清单。

1.2.3 ▶ 构式主义方法的 5 个核心

Goldberg(2003)概括了构式主义方法的要旨,解释了与构式有关的基本概念,为随后的构式语法研究定下了基调。之后的十多年来,构式语法研究逐渐走向成熟。尽管构式语法流派众多,构式研究也不尽相同,但都包含着某些共性原理,指导着构式研究的发展。Goldberg(2013:15-31)认为,这些共性原理或称构式主义方法的核心,可以包括以下 5 个方面:语法构式、表层结构、构式网络、跨语言的多样性和概括性及基于用法模型。

核心 1:语法构式。

跟传统的词汇项目一样,短语构式也是学得的形式和功能配对。构式可以界定为规约化的形式-功能配对(Goldberg 1995),并且各种复杂度和抽象度不同的形式-功能配对都是可以学得的(Goldberg 2006)。这个定义旨在说明词和更大的短语单位之间的共性(见表 1.3)。

表 1.3 不同复杂度和抽象度层面的构式

构 式	举 例
词	Iran, another, banana
词(部分填充的)	pre-N, V-ing
习语(填充的)	going great guns, giving the Devil his due
习语(部分填充的)	jog ⟨someone's⟩ memory, ⟨someone's⟩ for the asking
习语(最小限度填充)The Xer the Yer	The more you think about it, the less you understand.
双及物构式:Subj V Obj$_1$ Obj$_2$(未填充的)	He gave her a fish taco. He baked her a muffin.
被动:Subj aux VPpp(PPby)(未填充的)	The armadillo was hit by a car.

(参见 Goldberg 2013:17)

对比表 1.1 和表 1.3 的构式分类,我们发现,Goldberg(2013)从复杂度和抽象度两个层面对构式进行了重新分类,避开了构式大小的区分,增加了构式的抽象图式层面。表 1.3 将构式分为词、习语和抽象构式三个层面,其优点在于以下 6 点。

第一,该分类避免传统语法范畴对构式概念的影响。例如,将表1.1中的语素融入(部分填充的)词范畴中,同时,又将共变条件构式纳入习语范畴。这一做法能更好地体现构式语法的宗旨,使构式更具概括性和系统性。

第二,该分类充分体现语法的认知方法所倡导的词汇-语法连续统思想。语法的认知方法强调意义在语法中的核心地位。但与词汇和习语意义不同的是,语法意义是更加抽象的图式意义。Talmy(2000)认为,与其他语法的认知方法一样,象征主题视语法单位具有内在的意义。Talmy 区分了语法(封闭类)成分和词汇(开放类)成分,认为两者之间有质性的差别。事实上,Talmy 用这两种语言表达形式分别代表了两种不同的概念子系统(conceptual subsystem)。这两个概念子系统从定性的角度编码了人类概念系统的不同方面,即语法子系统(grammatical subsystem)和词汇子系统(lexical subsystem)。Langacker(1987)认为,语言是建立在人的身体体验之上,并且独立于语言的认知过程。他的认知语法假定语法在本质上是有意义的。语言由形-义配对组成,或者是象征结构的集合,体现了词汇-语法连续统思想。

第三,该分类能较好地统一不同构式研究者的视角。正如Goldberg(2013:17)所说,并非每一个采用构式视角的研究者都明确使用"构式"这个术语,也并非每一个人都将"构式"这个术语用于词或语素的层面。由于承认语素在部分填充的模板中对现有的词进行浮现概括(emergent generalization),因此,该视角能够消除构式语法学家与形态学家的分歧。

第四,该分类较好地体现了描写充分性的假设。构式主义方法的目标在于充分解释语义和构式使用的微妙差别,充分解释最普遍的型式及次常规现象。因此,构式语法学家的目标是解释语法的所有方面,不仅包括核心语法,还包括被其他理论归并为边缘或剩余的方面,包括低频率构式和非常规构式。

例如,介词和光杆可数名词(bare count noun)组合的 P N 构式(如

in prison,from school,for work,on vacation,in hospital),属于次常规现象。要对该构式进行充分的描写,需要考虑以下几个方面:

(1) 此类光杆名词词组的所指对象涉及一个原型的活动或角色。比如说,个人只能以囚犯而非监狱官的身份入狱(go to prison)。同样,在学校里(in the school)的人跟在学校上班(in school)的监护人员看似相同,实则不同。

(2) 此类光杆名词词组中的名词不是具体名词,通常不能通过回指方式指称(She went to bed. ??It was very fluffy),因而此类名词词组在确定性和具体性方面是无标记的。

(3) 此类光杆名词词组具有不可分离性,因而 PN 构式在一定程度上表现出词汇化的短语特征。一般说来,只有当一个词具有某一指称对象时,词汇化才会发生。

(4) PN 构式不具有完全能产性。英美地域方言的证据显示,美国英语使用者不使用"去看病"(go to hospital)或"度假"(on holiday)。两国英语使用者都不用"去洗澡、上网、上班、做饭、坐飞机"(go *to bath, go *to computer, go *to office, go *to kitchen, go *to airport)这样的表达式。

(5) 在默认的承继层级中考察构式之间的相互联系。语言中除了反映受限概括的构式外,还有数量众多的搭配、预制话语(预制语块)、习语和次要构式。语言中的构式处在一个承继关系中。相比更具概括性的上位构式,所有上述现象都只是该上位构式的具体实例。因此,要对 PN 构式进行充分的描写,还需要将其置于更具概括性的介词短语构式(P NP)之中。只有通过构式彼此默认的承继层级关系联系起来,才能具体描写每一个构式的常规和非常规方面。

另外,将构式置于默认的承继层级中,可以对构式的多义性进行详细描写。构式的典型特点是多义现象(Goldberg 1995)。就是说,相同的形式往往具有不同但相关的功能。双及物构式就是多义构式的一个典型例子。

第五,在构式网络中考察语言知识。我们大部分的语言知识是相当普通的，而这些知识也存在于构式网络中。例如，论元结构构式（Goldberg 1995）是构成简单小句的基本联结（lingking）型式，是形式-功能配对体。事实上，短语的形-义一致性已证明其独立于特定的动词而存在，因此，该构式覆盖了所有具体的动词词汇模板。

第六，依赖构式义解释构式中的动词义，包括无意义的动词和名词以新奇形式作动词的现象。在 She gave him a book 这一双及物构式中，动词 give 有两个动词后的名词短语（postverbal NPs）作宾语，即直接宾语 a book 和间接宾语 him。这个构式与转移义相关联，即形式和意义相联系。基于该构式的构式义，并通过隐喻引申等方式，我们可以理解新出现在该构式中的动词及动词义。比如说，在 She mooped him something 中的 moop 本身是无意义的动词，但是依据双及物构式义，我们可以推测该动词具有"给予"的意义，或者说是具有隐喻转移义。

另外，构式的型式可以具体化为一般场景，通过特定宾语的"给养"说明场景的具体细节。例如，She crutched him the ball 这一双及物构式，可以理解为她用拐杖将球传递给他。这里的场景可以细化拐杖的使用方法：或许像使用曲棍球杆一样使用拐杖。以上例子说明，动词的词义不可能单独发挥作用，因为词形（crutch）在词汇中表现为名词而非动词。

核心 2：表层结构。

"转换"（transformation）和"变换"（alternations）这两个概念是区分构式主义方法与生成语言学的重要标志。构式主义方法认为，语法不涉及转换成分和派生成分，语义直接与表层形式相联系。生成语法早期就开始关注变换现象，将论元结构构式与另外一个具体但粗略的释义相联系，认为这是一种型式与另一种型式转换的结果。构式主义方法也强调变换。对与格变换和方位格变换这类部分或非完全概括的持续关注就是一个典型的例子。然而，构式主义方法对与格变换和方位格变换的研究并没有局限于变换，而是超出变换，关注每一个论元结构构式自身的特点。

⑬ a. Mina sent a book to Mel. (≈ Mina sent Mel a book.)
　b. Mina sent a book to Chicago.
　c. Mina sent a book toward the front of the room.
　d. Mina sent a book through the metal detector.
⑭ "I actually had a moth go up my nose once. I ... coughed him out of my mouth."

上述例子中，尽管只有⑬a能被改述为双及物表达（如括号内例句），但从句法和语义上讲，例⑬a与例⑬b、c、d属于同一个型式；例⑬中的例子都涉及主语、宾语和间接路径短语，并且都表达致使移动（caused motion）。致使移动构式概括了⑬a—d中所有例句的特点。

识别致使移动构式，有利于解释例⑭中的cough现象。cough在词义上属于非致使移动动词，但当cough出现在该构式中时，便能传达致使移动的含义。因此，识别形式和意义之间更普遍的一致关系，如致使移动构式，便能够通过这种一致关系解读动词意义，而构式中动词的这个意义在单个动词的层面上是无法获取的。

构式主义方法关注表层结构，而不是可能的变换，认为双及物构式也具有相当广泛的概括性。尽管对变换的理解不同，现有的研究还是将（常规的）双及物构式和获益性双及物构式（Mina baked Mel a cake）及对该构式的不同释义（Mina sent a book to Mel/Mina baked a cake for Mel）看作不同的构式，但应该肯定的是，这两种双及物构式代表了语义和句法上相同的型式。

核心3：构式网络。

构式主义方法认为，一种语言的构式并不形成一个结构无序的集合。短语构式、词和部分填充的词（或称语素）在网络中相互联系，网络中的节点通过承继联结相互关联。构式之间的关系反映默认的承继网络（default inheritance network）。构式网络的实现主要表现在以下两个方面。

第一，词序的固化。Goldberg（2013）用表示"活动"或"事件"的ＰＮ构式对构式网络的承继关系进行了说明。图1.2中的ＰＮ构式

(如 to bed)继承了图 1.2 中更概括、更抽象的介词短语构式中的词序。与一般的 PP 构式不同，P N 构式强调的是 N 而不是子构式 NP。由于 PP 构式反映了英语中有前置词、没有后置词（postposition）这一事实，因而该构式的词序是固定的，其短语结构也就具体化为"介词+名词"的特征。在频率的作用下，这种短语结构的词序逐渐得到固化。该短语结构的固化程度主要取决于 to/at work，in/to hospital 和 in hospital 的固化程度。一般说来，PP 构式比 P N 构式固化程度更强。

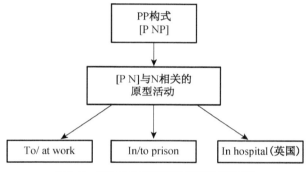

图 1.2　默认的（基于用法的）承继层级例子
（参见 Goldberg 2013：21）

图 1.2 进一步说明，构式网络中的承继层级关系是基于用法的关系，[P N]与 N 相关的原型活动，受具体活动频率的影响而逐渐得到固化，同时固化的[P N]构式又承继了[P NP]构式的形式特征，从而获得[P NP]构式的形式特征和语义特征。

第二，短语型式子部件的联结关系。构式主义方法认为，并非所有的构式都要说明词序。例如，论元结构构式由于不直接决定短语结构树，所以不需要考虑词序问题。相反，词序由论元结构构式和 VP 构式、主-谓构式和/或长距离依附构式等其他构式组合决定。动补构式（resultative construction）涉及一个表明状态变化的次谓词（secondary predication），其不及物和及物形式通过"子部件"的承继联结相联系。不及物形式（例⑮）通常是及物形式（例⑯）的一个子部件。

⑮ The nut broke apart. (不及物动结构式)

⑯ She broke the nut apart. (及物动结构式)

隐喻关系链将例⑰中英语及物动结构式与例⑱致使移动构式相联系,从而能够使我们获得有关英语(及物)动结构式的分布特征。

⑰ She drove him to distraction. (动结构式)

⑱ She drove him to Detroit. (致使移动构式)

通常情况下,结果短语就像一个字面路径短语(literal path phrase)。首先,结果短语不能与双及物构式(例⑲—⑳)共现。其次,结果短语不能被合并起来构成非连续路径(例㉑)。

⑲ *She kicked him the ball black and blue.

⑳ *She kicked him the ball into the window.

㉑ *She kicked him black and blue down the stairs.

以上例子说明,包括词和短语型式的默认承继层级关系,可以用来解决那些传统理论无法解决的棘手问题。同时,由于有了默认的承继关系,就可以允许冲突的存在,而构式网络上的子节点则能恰当地解决这些冲突。

核心4:跨语言的多样性和概括性。

语言间存在广泛的差异,这是一种普遍的共识。构式主义方法认为,由于存在跨语言概括性,那么语言间的差异就可以通过一般域(domain-general)的认知过程或相关构式的功能得到解释。

构式不是范畴或关系,而是基本的、原始的句法表征单位(Croft 2001:46)。构式通常并不独立地存在,也不是完全任意的,构式的形式和意义之间的关系通常是有理据的。这是跨语言的复现型式(recurrent pattern)存在的原因。但是,由于构式的方法不依赖固有的普遍原理,因此构式在某些细节方面存在跨语言变异。例如,一种语言中的被动语态构式可能与另外一种语言中的被动构式存在很多细微差别。这些差别可以包括多种现象,如助动词的出现和选择,介词或施事论元格标记的出现和选择,可能存在的语义或语篇限制因素,被动构式在语言中的总频率,等等。两种不同语言中的两个形式、功能和分布绝对相同的构式是不太可能存在的,除非这两种语言有共同的演变历史或有过语言接触。Croft(2001:46)指出:

> 如果将被动性(passivizability)作为英语中直接宾语的判定标准,那么结论是关于被动语态的,而不是关于直接宾语这种全世界公认的统一范畴的……构式——不是范畴或关系,而是基本的、原始的句法表征单位。

Croft 的这一个观点表明,语言之间一定存在某种普遍趋势,或隐含的普遍性,但这种普遍趋势或隐含的普遍性一定是以构式出现的。语言来自人类的概念系统。语言的限制因素来自三个方面强制的边界条件,分别是:记忆限制因素、注意偏向及有关传达内容的语用要求。构式主义方法认为,人类语言中普遍存在的跨语言概括可以从语法外的解释中寻找答案,这些语法外因素包括普遍功能压力(universal functional pressures)、象似性原则、加工和学习限制因素等。

例如,语言都趋向于出现称为"被动"的构式。这些被动构式可以通过与之相关的功能得到识别:在被动构式中,话题和/或施事论元可以有选择地出现或完全不出现,因而话题或施事论元从本质上看是被"降级"了。由于功能驱动,话题和施事通常在句法凸显的空位中出现。因此,特殊的被动构式允许话题和施事者在非凸显的空位中出现,使说话人具备一定程度的灵活性。这一现象说明被动构式的存在是有理据的,并且这种理据主要受普遍功能压力的影响。

中心词指向参数是另一种跨语言的倾向。研究发现,动词出现在句末的语言通常有后置词和名词后修饰词,而动词出现在非主语补语前的语言通常有前置词和代词修饰词,如例㉒:

㉒ 句首中心词语言:$_{vp}[V…]_{pp}[P…]$
　　句末中心词语言:$_{vp}[…V]_{pp}[…P]$

长期以来,中心词指向参数一直被用作纯粹的句法概括的例子。这种句法概括需要一个内在的普遍规则。因此,儿童只须确定语言中的动词在句子的什么位置出现,然后据此推断出所有其他类型的中心词在句中出现的位置。

但是,跨语言的倾向似乎并非偶然。历时演变过程或许能为动词和介词的关系提供一个更好的解释,因为介词常常是由动词发展而来的。中心词系统地位于补语前或补语后的趋势为语言加工提供了便利。Reali & Christiansen(2005)通过简单复现网络(simple-recurrent network)发现,中心词-补语顺序比混合系统容易学。也就是说,如果能为适应学习者的需要而做出调整,那么在模仿一段时间后,他们的语言便会具备与现实世界中的语言相似的中心词-补语顺序。

另外,需要求助于内在原则而做出的概括在儿童语言习得中也有很好的表现。例如,儿童在量词学习中,注意到了小句中作为命题意义标记的指称表达的数量。然而,名词数量反映语义参与者数量的趋势,可以从语用学的角度加以解释。任何指称表达都应当假定与当前的话题相关,而任何相关且在语篇中不可恢复的论元,都必须以某种形式得到显示。显然,语用概括并不关心无关的论元,或者论元是否可以恢复,因而由此进行的语用概括,不需要任何句法规定。这种做法的优势在于,在一种给定的语言中,语言和构式能够区别对待可恢复的论元和不相关的论元。例如,世界上的很多语言(如汉语和韩语)允许省略可恢复的论元。甚至连英语也允许省略某些论元。比如在语篇中,当某些受事论元与动词相比其重要性不再显著的情况下,这些论元也可以省略。

在简单的主动小句中,如果有一个主语和一个宾语,并且有一个施事和一个受事,那么施事的角色将由主语充当,受事充当直接宾语。这是表达内在的语言普遍性经常使用的概括形式。在真实的语言中,这种概括未必非常适用。譬如,在句法上表现为动作格(ergative)的语言中,施事通常不是由主语表达的;有很多语言没有典型的主语;在某一语言中,有很多构式违反了概括性(如隐含表达施事论元的被动语态)。不过,概括性还是可以说明一些问题的。比如,通常在形式上凸显的空位处可以表达语义上的行动者和经历者。凸显的句法位置是指那些被认为具有一致性的位置、缺少明显格标记的位置和/或具有强制性的位置。从这个角度看,概括性就是一种普遍接受的现象。从跨语言的角度看,行动者论元和经历者论元通常出现在形式凸显的位置,因为人们的注意力会很自然地被吸引到事件的行动者和经历者身上。

以上情况说明,形式和意义存在跨语言概括的倾向。这种概括可以采取多种方式进行,包括用象似过程和类比过程进行阐述,也可以采用语用概括进行解释。另外,即使是长距离依附构式的限制因素(传统的"岛限制")也可以通过加工的方式得到解释,即通过构式的功能进行加工。可见,构式主义方法改变了从句法和先天假设方面解释跨语言概括的现象,实现了用独立激发的普遍认知机制来解释跨语言的概括性。

核心5:基于用法的模型。

语言使用者在讲话时通常善于重复别人所说的话,也会重复自己所说的话。不仅如此,语言使用者还常常创造性地使用新的语言方式表达自己的观点。语言的创造性允许说话人在新的语境中表达新的想法,而语言的重复则允许某些语言型式得以固化或规约化。语言知识包括各种不同具体性(specificity)层面上的词汇项目和各种概括。构式主义方法将语言知识的这一特性称为基于用法的模型(usage-based model)。构式的基于用法的模型具有如下两个特点。

第一,高频搭配与话语的程式化。在日常语言中,很多话语或话语的一部分可以直接从心理架子(mental shelf)上获取,说话人不需要每次都从头开始构建全新的话语。话语中存在程式化的或预制的短语("预制语块"),或者说语言的程式化简化了说话人的任务,为说话者经济地使用语言带来了便利。无论是孩子还是成人,语言使用者都会对自己之前所使用过的话语逐字重复,或者当词频和词长受到控制时,能更快更流利地重复之前出现过的话语。这种现象表明,我们的记忆保留了一些与高频搭配有关的东西。

由于话语中既包括主导词汇内容的构式,又包括可以用新的词汇内容填充的构式中的槽位,因此,话语常常同时具备程式化和新颖性双重特征。例如，名词之间的自由替换甚至在幼儿的话语中就已经发生了。几乎在所有不完全固定的短语构式中都存在各种类型的空位。所有格短语中表示所有关系的词也不是固定不变的，可以由代词和名词的's表示。如例㉓中的 jog his memory/her memory/their memory/the dog's memory。动词的时态和语态通常也是灵活的，如例㉔中的 commit a phone number to memory 或 have committed it to memory，以及例㉕中的 take a stroll/a trip down memory lane。这些习语中的动词语素（verbal lexeme）用大写字母代表，用来表示时态和语态的非固定性。

㉓ JOG ⟨someone's⟩ memory
㉔ COMMIT ⟨something⟩ to memory
㉕ TAKE ⟨a stroll⟩ down memory lane

显然，语言的创造性和程式性这两个特征，能够较好地解释我们为何能够自如地掌握所学的语言。基于这一共识，越来越多的语言模型都汇集到基于用法的模型上来。基于用法的模型认为，语言知识由具体化程度不同的形式-功能配对的网络构成（Goldberg 2013：27）。学习者从听到的或被使用的语句中概括出规律，并据此习得特定的语言。

我们每天都会经历很多事情，在经历没有被完全记录下来的情况下，任何关于经历的记忆都必然是部分抽象的。比如说，我们或许记得看见过一个金橘，但是我们并没有考虑过厨房中摆放金橘的桌子及桌子的颜色；我们或许也注意到了金橘表面微小的划痕或者金橘茎秆的确切长度。因此，我们对于一个经历的意识表征，不管多么形象，都是从实际的经历中抽象出来的。对语言的记忆必定也是如此，我们会记忆具体的语言片段或格式。记忆会随着时间的推移而减弱，从而产生更多的抽象，因而在人们的长时记忆中，清晰地保留着的是短语习语，或者说是一个个具体而抽象的构式。可见，短语是说话人的语言知识的重要组成部分（见表1.4）。

表 1.4 可能作为语言知识的组成部分而存储的短语例子

You've got to be kidding!	double whammy
wear out ⟨one's⟩ welcome What's up? What for?	eat, drink and be merry excuse ⟨poss⟩ French face the music
shoot the breeze Are you all right? Tell me what happened. I'm sorry to hear that. It just goes to show ...	sooner or later What did you say? Can I come in? Need any help? I see what you mean. blithering idiot

(参见 Goldberg 2013:27)

表 1.4 概括了有可能作为语言知识的组成部分而存储的短语例子。这些短语既可以是非合成性的，如 sooner or later，也可以是合成性的，如 Tell me what happened；既可以是完整的陈述句（I'm sorry to hear that）或问句形式（What did you say?），也可以是可填补空位的主干结构，如 wear out ⟨one's⟩ welcome 等。

构式主义方法认为，即使是可预测的语言结构，也可以被看成是构式，只要其有足够高的出现频率。事实上，即使某些结构仅接触了一次，也有可能被逐字地保留。Gurevich，Matt & Goldberg（2010）的实验表明，受试只要接触一次，就能认出并回忆起整个句子。这一发现非常有意义，因为实验文本比较长（300 字），语境并不相关，而且没有提前告知被试会有记忆测试。另外，在对关键的词汇内容和记忆进行控制后，逐字记忆依然存在。最惊人的发现是一次附带回忆：延期六天后，当受试被要求描述场景时，尽管没有被要求复制他们听过的句子，但被试仍然能确切地回忆出之前听过的句子。由此可见，我们保留了大量与指定项目有关的知识，同时还保留了使用频率方面的知识，并能把听到的内容依据形式和功能进行分类，同时对这些形式和功能进行概括，形成形式和意义相对固定的型式。

第二，创新性与能产性。创新性源自对实例的概括，并在此基础上形成更抽象的带有开放槽位的构式。构式开放的槽位允许构式之间的合并。当一个 Y 类型的构式包含一个相同 Y 类型的槽位时，该构式就具有递归性。

人们熟知的与归纳相关的因素，通常能够决定构式具有多大的能产性。这些因素包括类符频率、验证过的实例变异性、相似性和统计优选（statistical preemption）。因此，构式的能产性取决于验证过的实例的分布特点和潜在的新造词句与这些实例的相关度。一个实际的表达式通常包括与至少 6 个不同构式的合并。例㉖中的表达式包括例（㉗a—g）所列的全部构式。

㉖ What did Mina buy Mel?
㉗ a. 双及物构式
   b. 非主语问题构式
   c. 主-助颠倒构式
   d. VP 构式
   e. NP 构式
   f. 非限定性限定词构式
   g. 词汇构式 Mina，buy，Mel，what，do

通过对构式的合并，相同的双及物构式可以包含在主动的陈述形式中，也可以包含在话题形式、分裂形式或者问题形式中。也就是说，不管是否直接出现在动词后，或者是否以一个远距离实例化的疑问词形式出现，受事论元总是宾语。例如，（非回声的）疑问构式决定了 Wh-词在英语中出现在句首。

构式的合并与说话人有关。说话人基于构式信息结构的兼容性特点，决定哪些构式可以合并，至少是部分合并。例如，具有相对"岛"地位的句子补语构式，包括下列特点："桥"动词补语、"说话方式"动词补语和叙事动词补语。这些构式在 wh- 提取的岛中发挥重要的作用，因而在某种程度上，这些构式在语篇中处于背景地位。可见，构式的创造性与能产性存在相关关系。可以说，越具创造性的构式，就越具有能产性。

构式有各种形式化体系(formalism)。最完整和精确的计算形式是构式主义框架内的形式,包括特征-值矩阵(feature-value matrix)。特征-值矩阵在细节、精确度和覆盖范围方面都超越了主流的生成语法形式体系,为语言表征研究带来了极大的便利。构式主义方法尽量避免形式化,并且仅使用最小程度的形式化。

　　可以说,构式主义方法是发展最快的语言学方法及语言的跨学科方法。目前,构式主义方法已经发展成为语言理论的基石,能够为心理学、交际学、人类学、计算机科学等领域的研究提供更有趣、更易掌握、更有用的方法,从而加深对语言的丰富性和复杂性的理解。

第二章 构式语法的基于用法取向

在《牛津构式语法手册》中，Hoffmann & Trousdale(2013)介绍了7种构式主义方法，分别是伯克利构式语法（BCG）、基于符号的构式语法（SBCG）、流动构式语法（FCG）、体验构式语法（ECG）、认知语法（CG）、激进构式语法（RCG）和认知构式语法（CCG）。但正如Goldberg(2013)所指出的那样，并不是所有这些构式语法方法都需要同时采用上一章中所提出的5个原理，尤其是"基于用法的模型"。基于用法的模型强调构式主义方法与语言习得理论、语言加工理论和语言演变理论之间的自然联系，因此，只有部分构式语法方法需要采用该模型。Goldberg(2006)在《运作中的构式：语言中概括的本质》一书中对倡导基于用法模型的构式语法进行了分类，认为认知语法、激进构式语法和认知构式语法这三种构式语法都强调表征语法知识的方式，因而能够与语言加工理论、习得理论和历史演变理论建立直接联系。这三种构式主义方法都认为，即使是完全规则的型式，只要有足够高的频率，就能够整体存储。因此，认知语法、激进构式语法和认知构式语法被看成是基于用法的构式语法。为了详细了解这三种构式主义方法与基于用法模型之间的关系，我们依据《牛津构式语法手册》对这三种方法的基于用法的语言学思想进行介绍。

2.1 认知语法

有关认知语法的思想来自《牛津构式语法手册》中 Cristiano Broccias 的文章。CG（Cognitive Grammar）是由 Ronald Langacker 发展起来的一门构式语法理论。该理论主要由 Langacker 的 6 部著作组成，分别是《认知语法基础》（第一卷）(1987)、《认知语法基础》（第二卷）(1991)、《语法和概念化》(1999)、《概念、意象和象征》(2000a)、

《认知语法入门》(2008)和《认知语法研究》(2009)。如果将 Langacker 1987 年的著作视作 CG 理论发展的开端,那么该理论的产生距今已有 30 多年的历史了。多年来,CG 理论在某些术语上做了一些调整和完善,强调某些核心观念理解的重要性,如对名词的界定、传统语法标记"语法"和"句法"的使用、射体和界标的分析等。但总的来说,CG 理论还是继续保持最初的研究体系,变化甚少。近年来,随着构式语法理论的发展,Langacker 开始关注构式及其与认知语法的关系,尤其是 CG 与基于用法的关系。为了深入了解 CG 的核心思想,Broccias 在 2013 年专门对 Langacker(2008)的专著《认知语法入门》进行了介绍。据此,我们对该文的主要观点进行简要介绍。

2.1.1 ▶ CG 和基于用法模型

CG 本质上属于功能主义,认为通过声音和手势传达的符号意义和通过语言在文化语境中进行的社交互动都具有功能的特性。CG 强调语言的动态性和开放性,认为语言最终会还原成神经激活的模型,排除了对形式进行穷尽描写的可能性。因此,CG 强调语言与语言使用的关系,并从语义、语音和象征结构、图式性和范畴化三个方面概括了 CG 与基于用法模型的关系。

从象征结构上来看,CG 认为,语言表达式由象征结构组成,是由语义极(一个表达式的"意义")和语音极(该表达式的"形式")组成的双极结构的配对。例如,flower 这个语素可以分析为由语义极[FLOWER]和语音极[flower]组成。大写的[FLOWER]是语义的规约化缩写,小写的[flower]表示该语素的发音。语义极和语音极负责 flower 概念化(或意义)的配对,进而产生像[[FLOWER]/[flower]]这样的象征结构。这里的语义极也包括传统上称为"百科知识"的信息。例如,"花"也能够发生意义的转移,作为表达情感的符号。同样,语音极标签的解释也很宽泛,也包括像手势这样的肢体语言。

图 2.1 概括了 CG 对构式的理解,认为构式是由象征结构组成。构式的产生基于频率,具有形式和意义两个特征。形式包括句法特

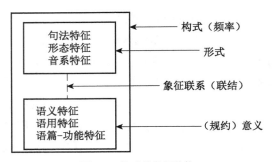

图 2.1 构式的象征结构
(参见 Croft 2001：18；Croft & Cruse 2004：258)

征、形态特征和音系特征,意义(一般指规约意义)由语义特征、语用特征和语篇-功能特征组成。形式和意义通过象征联系或联结关系连接,形成规约化的形-义配对。

就图式化而言,CG 认为,一组表达式具有某些固有的共性特征,这些特征可以得到抽象,并以图式的形式存储。这个过程就是所谓的图式化。图式化既适用于词汇也适用于语法。比如,flower 是一个词汇项目,该词汇项目的图式性是由一组具体的具有共性特征的用法事件组成,如将"花"指称特定场合下的某个人。就是说,flower 是由众多共性用法事件组成,并形成图式化的过程。同样,语法也是浮现的。语法是从象征集合中浮现出来的。象征集合是从具体的用法事件中通过图式化产生的。比如,双及物构式是通过反复接触具有共性特征的表达式而逐渐浮现出来的。这些表达式包括：He gave her a present，I handed him a slip of paper，I threw her the ball。从这层意义上来说,CG 可以被描写为基于用法的语言模型。

从范畴化的角度来说,CG 认为,存储的图式可以用于对事物进行分类或范畴化。同时,存储的图式还认可构成范畴化目标的新尝试。这种认可图式(sanctioning schema)也可以成为确定范畴化关系的标准。CG 认为,存在两种不同类型的范畴化:详述(或实例化)和引申。详述是将某一实例划分为某一抽象构式。例如,当听到 She hurled him the ball 这一语句时,我们就能将其范畴化为双及物构式的一个详述或实例。由于该语句具有力转移(扔球的力)的效果,符合与双及物构式相关的图式,因而该语句完全符合双及物构式。但是,范畴化过程与识解方式的不同有关。比如,相对例②而言,例①可以得到致使移动构式的认可。尽管例①中的 sneeze 是不及物动词,不具备例②中的动词 knock 本身具有的及物性质,但是由于例①出现在例②这样的致使移动构式环境中,因此,sneeze 原本是个不及物动词,也被识解为能够移动物体的一种力行动(forceful action)。

① She sneezed the napkin off the table.
② She knocked the vase off the table.

事实上,在 CG 看来,例①可以看成是例②扩展的一个实例。这种类型的范畴化仅仅在范畴化目标是部分图式与认可图式兼容的情况下才可能发生。例如,mouse 是一种计算机装置。产生这一理解的依据是某种感知上的相似性。因为计算机上的鼠标(mouse)与动物(老鼠)的形状比较相似,因而从动物引申而来,尽管两者的指称对象在动物性方面存在冲突。值得注意的是,引申产生原型(prototype)。mouse(计算机装置)和 mouse(动物)两者属于相同的范畴,具有相同的属性,都属于非人类。同样,由于 sneeze 被识解为一个力动态动词(force dynamic verb),因此从直觉上看,与 sneeze 相比,knock 更属于力动态范畴的类典型。

2.1.2 ▶ 认知语法中的构式

CG 的基于用法特征体现在其对构式的认识方面。CG 的核心在于提出了象征结构的集合这一假说,即语言是由象征结构的集合组成的。该假说符合大多数构式语法方法称为"构式"的假说。CG 主张,语言的符号学功能只需要三个结构便能实现。这三个结构便是上文提到的语义结构、语音结构和象征结构。

语言由象征结构的集合组成这一假说,不仅体现了基于用法模型中有关词汇-语法连续统的观点,也体现了"语法是有意义的"观点。词汇-语法连续统观,也称为构式语法中的"构式"。在 CG 看来,语法和词汇一样,是语义级阶上的两个级,两者不存在明显的区分。CG 认为,在形态学、词汇和句法这类传统的标签之间不存在明显的界线。语言中很多现象只是程度问题,即更靠近词汇的方面和更靠近语法的方面。更靠近词汇的构式称为实体构式,更靠近语法的构式称为图式构式。词汇-语法连续统观从另一个侧面反映了"语法是有意义的"这一观点。所谓语法有意义,是指语法不仅仅是建构语法单位的框架,语法本身和词汇一样具有意义。这种意义处在词汇-语法连续统上更靠近语法那一端的图式构式层面,因而语法具有图式意义。CG 认为,语言中的语法词和语法构式,也属于语义极,也是有意义的。也就是说,不仅 He gave her a present 这样的双及物结构有意义,就连介词、助词、指示词这些抽象成分的语法词也有意义。

在 CG 看来,对语言表达式的分析可以从 3 个维度进行,分别是象征复杂度、详略度(或与之相反的图式性)和固化/规约性。高一级的象征结构建立在低一级的象征结构之上,从而实现更高等级的象征复杂度。象征结构并不是一成不变的,它会随着详略度的高低或图式性的程度发生变化。

③ event < eventful < eventful day < an eventful day < on an eventful day

例③中,on an X day 构式处在该象征结构的最低端,X 代表该构式的槽位。与 on an eventful day 构式相比,on an X day 构式不够具体,因而更具图式性。同样,event 的图式性低于 eventful,eventful 的图式性低于 eventful day。以此类推,例③中的象征结构描写的详细程度,由低(event)到高(on an eventful day)呈递增趋势。

固化指的是能够自动获取的、具有单位身份的语言表达式,即无须说者付出太多建构努力的表达式。语言表达式的规约性与言语社群内语言表达式的固化有关。新奇的表达式一般指固化/规约化程度低的表达式,固化/规约化程度高的表达式一般指固定表达式或词汇项目。也就是说,只有当表达式已经获得了规约单位的身份才能得到固化。这里的词汇项目不仅包括单个词,而且包括多词表达,如 I love you, with bated breath，in the middle of nowhere，see you later，what are you doing tonight,等等。

图 2.2 反映了词汇-语法连续统中象征复杂度和图式性的关系。在这个坐标上,语言表达式的组织可以依据象征复杂度和图式性两个维度进行。典型的词汇项目一般为单个词(如 cat),通常具有较低的象征复杂度。同时,根据对什

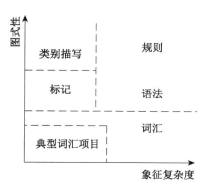

图 2.2　语法-词汇连续统

么是猫的描写,该词汇项目又具有具体的图式性。象征性更复杂的词汇项目,如 see you later,也是词汇的组成部分,因为这些词汇项目的语义非常具体(语音也很具体)。相反,语法与图式的象征集合或与图式构式有关(Langacker 2008:167)。CG 将传统语法中的规则理解为图式,即用于形成复杂表达式(构式)的型式。像 on an X day 这种部分具体的构式,不能绝对地说是词汇或语法,因为它们既不完全具体也不完全图式。因此,部分具体的构式能够说明词汇和语法连续统的本质。

甚至像助词、一致标记和派生词缀这样有具体语音的语法标记,在 CG 中也被分析为有意义的成分。这些语法标记尽管在语音上是图式性的,但在语言表达上,语法标记都包含一个语义极,因此对这些语法标记的描写有一定的难度。语法类别与语法标记不同,因为语法类别在语音上也具有图式性。但与语法标记一样,这些语法类别也有意义。例如,名词类别可以缩写为[[THING]/[…]]：名称指的是事物,因此从语音的角度看,具有最大化的图式性。

CG 也保留了传统的形态学和句法标记。在语法内部,形态学包括图式性的象征集合,其实例是单个词,如例③eventful 中的 n+ful。句法处理的是包含多词实例的图式性的象征集合,如例③eventful day 中的 n_1 + ful N_2。

总之,CG 将语言描写为"规约语言单位的结构化清单"。这里单

位主要是指说者以自动化的方式所运用的结构。语言单位由具有单位身份的语义和语音结构之间的象征联想组成。规约性意味着大多数成员所共享的东西。清单是指"语法不是一种'生成'描写,语法并不是为一种语言中所有的、唯一合乎语法的句子提供形式上的明细"(Langacker 1987:63)。相反,这种清单是有结构的,因为语言成分仿佛处在一个彼此联系的网络中。

CG 认为,构式不仅存在于成分结构中,也存在于合成模式和作为结果的合成结构中。比如,名词性成分 the cat under the table 存在一个可能的合成路径。

第一,合成取决于对应(correspondence)。对应包括水平对应和垂直对应两种。水平对应是指成分结构间的概念重叠,垂直对应是指成分结构和合成结构之间的概念重叠。比如,名词性成分 the table 的语义极,侧显与介词 under 的界标(landmark)对应的事物,因此,名词性成分和介词之间的综合能够生效。另一个层面的合成路径是指 under 的射体与名词性成分 the cat 的侧面相对应。从垂直的角度看,合成路径底层 under 的界标与关系谓词(relational predicate)under the table(如 the table)的界标对应。就是说,从垂直的角度看,(垂直)对应显示合成结构的切面。该切面通过成分结构得到象征。成分和合成结构也通过范畴化关系建立联系。比如,under 的界标就 the table 而言是图式性的。因此,the table 既对 under 的界标进行详述,也是 under 界标的实例。under 界标构成了详述场所(elaboration site)(或者说是 e-site)。将 e-site 与名词性成分 the table 连接起来表示详述的范畴化关系。同样,under the table 是 under 的一种详述,因为 under the table 将 under 更加具体化了。相反,the table 和 under the table 之间的关系是一种引申关系,因为 the table 侧显的是事物,而 under the table 侧显的是关系。就是说,合成结构 under the table 承继了介词的侧面,因为该合成结构指派的是一种空间关系,而不是桌子。总之,成分结构决定整个表达式中意义发展走向的台阶。合成结构是前台,其合成路径也是形式和意义的重要组成部分。(Langacker

2008：166—167）

第二，成分结构间的对应并不总是涉及整个侧显的实体。例如，在 The dog bit the cat 中，bit 与名词性成分 the cat 的综合过程依赖动词界标和名称短语侧面之间的对应。但是，狗咬猫的某个部分，也是非常有可能的，比如说狗咬猫的尾巴。因此，这种对应是在动词的界标和名词性成分侧面的子部件或活动区（active zone）（尾巴相对猫来说是一个活动区）之间获得的。更概括地说，活动区是为了发挥对应关系的效率而与一个定向的侧显成分建立联系的实体（或多个实体）。

除了活动区对应外，侧面决定体也与中心词、修饰语这类传统语法概念之间存在共现关系。侧面决定体概念允许我们从概念的角度，以中心词等同于侧面决定体的方式，重新认识传统的中心词（head）概念（Langacker 2008：194）。但在 my niece Melanie 这样的同位结构中，合成结构又与两个成分结构的侧面都对应。就是说，成分结构既侧显事物，同时成分结构的侧面又相互对应。在这种情况下，合成结构与成分结构是否都是侧面决定体，或者都不是侧面决定体并不重要（Langacker 2008：195）。另外，一个表达式也可能有一个并不与其任何成分结构对应的侧面。离心表达式（exocentric expression）就是一个典型的例子。离心表达式往往指派一个事物，但是其侧面并不与其两个成分结构对应。例如，在 pickpocket 这个离心表达式中，pick 侧显过程，而不是事物；pocket 侧显事物，但不指所掏的东西，也不指掏口袋的人，而这却是合成结构所侧显的部分。

第三，有关合成路径问题。CG 认为，合成路径与一致性等级（constituency hierarchy）相似。

CG 将一致性看成是成分结构合成的次序（order），因而可以界定各种不同的概念分组（conceptual groupings）。相同的合成概念可以经由不同的路径达到。通过将一致性界定为概念分组的方式，CG 无须像语法的派生理论那样，通过移位规则（movement rule）实现成分间的合成。

④ The claim was dismissed that she was a spy.

例④包含一个非连续的名词性成分。依据生成方法,该句可以分析为:that-小句是从其临近 claim(即 The claim that she was a spy)的潜在位置那里位移到句子末尾的结果。CG 则主张,这种不连续的名词性成分是由于概念分组中的差异造成的。从不连续角度看,名词性成分 the claim 与 was dismissed 结合在一起。由于名词性成分 the claim 和其后的名词性成分(that she was a spy)之间存在对应关系,that she was a spy 这个名词性成分详述了 claim 的一个子结构,即该名词性成分的界标。这样,这种不连续能够在更高的组织层面实现 the claim was dismissed 与 that she was a spy 的综合。

2.1.3 ▶ 词素和构式之间的互动

CG 主张词汇-语法连续统思想,并专门探讨了如何处理词素(lexeme),即传统意义上的单个词(single word)与构式的关系。CG 认为,将词素看成是"独立于其发生的结构框架"这一看法是不正确的(Langacker 2008:240—241)。其实,这个问题是一个离境化(decontextualization)问题,即在多大程度上,词汇项目可以独立进入其所出现的结构框架。CG 通过致使移动构式分析探讨了词素和结构框架的互动关系。

⑤ Peter kicked the ball into the stands.

⑥ Peter kicked the dog.

从论元的角度看,例⑤中 kick 的基础(原型)意义与例⑥中的 kick 意义一样,都是及物的,因为 kick 侧显两个实体之间的力动态互动。

这就意味着,kick 与致使移动构式不一致,因为致使移动构式从原型的角度将移动侧显为力应用的结构。因此,kick 可以阐释为偏移使用(skewing use)。在偏移使用中,动词与其所在的构式不一致。但通过范畴化引申关系,将 kick 与致使移动构式综合是有可能的。

从动词的角度看,动词 kick 可以理解为致使移动结构空间中的一个致使移动动词。从构式的角度看,这种合成意义的规约化意味着致使移动构式出现了一个的新图式。这个新图式代表了高一级概括

(higher-order generalization)中范畴化的图式化。这个新的图式可以算得上是原型的引申。由于 kick 致使移动义有了单位身份，kick 就逐渐失去其可分析性，因此，kick 可以持续获得致使移动义，而无须参照基础的及物义。

总之，与其他构式主义方法相比，CG 采取不同的方式处理语法关系，并努力说明语法是有意义的。CG 没有像 RCG 那样，将构式看成是语义和句法的配对，而是从识解的角度，将构式看成是语义和语音的配对。CG 将语言视为建立在人的身体体验和独立于语言的认知过程的基础之上。CG 假定语法在本质上是有意义的，语言由形-义配对组成，或者是象征结构的集合，并且从词素和构式之间的关系发现语义和语法的作用。这也是 CG 被看成是基于用法的构式语法的一个主要原因。

2.2 激进构式语法

和 CG 一样，William Croft(2001)的激进构式语法(RCG)也采用了基于用法的模型。但与 CG 不同，RCG 受语言类型学的启发，提出了独特的语法构式假设：(1)所有语法范畴都与语言有关，与构式有关，构式是句法表征的基本单位。(2)除了构式的部分/整体及出现在构式中的语法角色外，没有形式句法结构，构式与特定的语言有关。基于上述两个假设，RCG 提出了语法范畴、概括性和普遍性的创新方法，并将语言内部的变异和跨语言变异综合到构式语法中。为进一步了解 RCG 与基于用法模型的关系，我们对 William Croft(2013)在《构式语法手册》中的《激进构式语法》一文进行介绍。本节的全部观点都来自该文。

2.2.1 ▶ RCG 和基于用法模型

早在 21 世纪初，William Croft 便出版了《激进构式语法：类型学视角下的句法理论》一书，创立了一种句法理论，即 RCG。RCG 是在语言类型学的基础之上产生的。语言类型强调进行跨语言、大规模的比较和统计发现，对通常在功能范围内观察到的语言结构特征及相似性模式进行描写，观察语言之间的差异点。据此，Croft(2001)利用功能类型学与认知语言学在某些方面兼容的特点，成功地将类型学思想与基于意义的语言结构模型（meaning-based model of language structure）嫁接。通过对说者语法知识的认识及语法知识的组织，RCG形成了基于用法的构式模型。RCG用法的特征主要体现在RCG的三个假设上。

假设1：基于用法的模型。

在基于用法的模型中，说者将语言型符（token）的使用作为范例存储起来。就构式而言，范例是指来自说者使用语境中的语句及意义的构式型符，语法知识是在对使用的模式进行概括的基础上形成的。从基于用法的语言习得来看，语法知识的习得都是从对范例进行构式概括而逐渐形成的。基于这一认识，RCG产生了语法-语义映射的范例语义模型。语义模型与特定情景类型（situation type）相关联，用于说明情景类型中各种构式的频率分布。这种情景类型（或称细粒度的意义）的组织是在多维概念空间中进行的。形式构式类型（formal construction type）针对概念空间的频率分布。情景类型的概念空间和有关概念空间的形式构式类型的频率分布是RCG基于用法模型所关注的两种结构。这两种结构都是语法知识组织的一部分。

除此以外，基于用法的语法知识还涉及构式的图式性（schematicity）。众所周知，基于用法的模型指的是说者实际语法知识的模型，而不是生成句子的抽象模型。在基于用法的模型中，只有在频率和形态句法及语义相似性足够高的情况下，图式构式才成立。

假设2：句法-语义关系的范例模型。

RCG依据构式的内部形式结构，发现语法知识的组织方式表现在形态-句法类型的句法空间及基于言语化过程（verbalization process）的构式类型。就是说，语法知识在多个交叉维度中组织起来，如采用形态-句法结构、概念空间及象征配对等方式组织起来。

RCG 认为,对语言进行跨构式概括必须使用更多复杂的推断语法模式的方法,以弥补普遍语法范畴的不足。据此,RCG 提出了语义映射模型和多维尺度分析,认为这些语法模式能有效解决普遍语法范畴的复杂性。因为语义映射模型和多维尺度分析模型是由语句中构式形-义范例的总体(populations)组成的,因此,语法结构中的特定成分是通过语言使用从语言和构式的关系中推导出来的。RCG 认为,构式由多个成分组成,构式的各个成分都参与构式的整体架构。也就是说,在成分与构式之间存在部分-整体的关系。

RCG 认为,句法关系可以理解为成分关系(constituent relation)。句法关系可分为两大类:搭配关系(collocational relation)和编码关系(coded relation)。搭配关系是指将规约组合的特定表达联系在一起的那些关系,涉及的范围包括从选择限制到短语习语组合(phrasal idiomatic combination)。搭配关系经常被用于假设句法关系,尤其是深度的句法关系。编码关系,如索引化(一致)和格标记,在构式语法中是不必要的,因为在所有的构式语法中,都有对语法结构的表征承诺。这些承诺包括以下几个方面:(1)作为整体的形态句法结构;(2)结构成分及其在整个构式中的作用;(3)整体意义;(4)意义成分及其在语义整体中的语义角色;(5)意义组成部分之间的语义关系;(6)形式与意义之间的象征联结,包括形式要素(formal element)和语义成分。

RCG 将表征承诺与语句的理解结合起来,认为构式的表征承诺是听者理解语句的关键。听者把整个构式及其要素视为一个整体;听者能够识别意义,是因为构式是形式和意义的配对,因此,听者可以识别语义成分及其关系。听者能够识别哪些句法要素表示哪个语义成分,是因为构式的要素与其语义成分有象征联结。也就是说,听者可以识别相应语义成分之间的语义关系,而不需要调用任何类型的句法关系。同时,通过将意义理解为一个整体,听者能够识别构式要素与相应语义成分之间的象征关系。

在 RCG 中,构式形式结构的唯一表征性承诺是:构式本身是一个复杂的格式塔,组成构式要素和元素,并作为一个整体存储。另一方面,RCG 对丰富的语义表征也有一种承诺。这种承诺包括构式激发的语义框架或场景的组成部分,但没有直接指称这些组成部分的形式要素(formal element)。该承诺同时包括一个丰富的象征结构。该象征结构不仅将形式结构整体与意义整体联结起来,而且将大多数(如果不是全部)的句法元素与对应的语义元素联结起来。

与其他构式语法一样,RCG 还有另一个重要的表征承诺,即复杂的构式可以充当其他复杂构式的角色。例如,被动语态构式中的被动主语角色由主语短语构式(subject phrase construction)填补。主语短语构式本身就很复杂,可以包括由一个关系小句组合的名词,同时,该名词本身又是一个复杂的构式。复杂构式的嵌套(nesting)与非构式理论的成分结构相似。但是,两者又存在差别,因为那些嵌套构式的存在只有通过构式自主才讲得通。

假设 3:构式本身与特定的语言有关。

RCG 的第三个主要假设是:构式本身,或更确切地说,构式的形式结构也是语言特有的。也就是说,构式具有语言特殊性,有自己的组织结构。

那么,构式如何组合产生句子?或者可以说,是什么方法可以将语句的形态句法特征分为不同的构式?一种可能的解释是言语化过程(verbalization process)。言语化过程通常涉及子组块(subchunking)、命题化过程(propositionalizing)和范畴化过程(categorizing)。言语化模型(verbalization model)能够解释经验格式塔如何得到分解,解释分解后的成分如何得到范畴化,从而与先前的经验匹配。一个语句也可以重新建立经验中特定对象、属性和动作的唯一性,并重新构成经验的整体。重建经验和实体唯一性,可以通过特殊化经验实体的语法构式来完成。这些特殊化的经验实体反映的是语法构式的特征,即实现经验实体的个性化、对实体进行量化、指定实体在空间、时间和对话者的心理空间中的位置。

这种言语化模型可以被看成是一个功能驱动的框架,因为该言语化模型能够对组合成语句的各类构式进行区分。一般来说,语句生成的过程是众多功能进行组合并通过独立的构式进行编码的过程。这些功能主要指特殊化(particularizing)、结构化(structuring)和连贯化(cohering)功能。概念空间的结构和言语化过程为构式语法中构式的组织提供了功能基础。此外,构式也以本身拥有的形式(形态-句法)特征组织语句。就像语法概括的表征一样,RCG探索了表征构式组织的新模式。这种模式包括由形式特征定义的言语化过程和句法空间。该模式的提出可以补充并可能替代更多的传统模型,如分类层次结构(taxonimic hierachy)等。

可见,RCG在许多方面与Langacker的认知语法兼容。比如说,RCG假定存在词汇-语法连续统,即依据结构化的清单,在具体意义和图式意义与心理语法表征之间形成一个连续统。RCG的这一基于用法的方法及强化的思想进一步反映在其对构式的分类上(见表2.1)。

表 2.1 RCG 的构式分类

构式类型	传统名词	举 例
复杂的及(通常是)图式的	句法	[NP be-TENSE VERB-en by NP]
复杂的及(通常是)具体的	习语	[pull-TENSE NP's leg]
复杂的但黏着的	形态	[NOUN-s],[VERB-TENSE]
原子的和图式的	词类	[NOUN],[VERB]
原子的和具体的	词汇项目	[the],[jumper]

(参见 Croft 2001:17)

表2.1显示,RCG将从语素到句子的任何东西都看成构式,范围涉及词汇项目、词类、形态、习语和句法。Croft假定,构式在语法中是唯一的基元单位(primitive unit)。从结构上来说,构式可以是简单的,也可以是复杂的。从意义上来说,构式既可以是具体的,也可以是图式的。但是,只有显性(overt)的,或者说完全实体的构式,如独立的词,才可以被看成是RCG模型中的原子(automic)。这就意味着,语法范畴没有独立的地位,需要依据其与构式的关系得到界定。在

RCG 中,词类不能作为基元范畴(primitive category)存在。这并不意味着词不存在,而是表示词不能分成具有任何独立现实性的词类。相反,词仅仅是特定构式的组成部分。从这个角度看,RCG 模型直接反对词和规则模型。在 RCG 模型中,构式是基元,而词类是附带现象,词类随着构式的出现而出现。

2.2.2 ▶ 激进构式语法中的构式

RCG 是将类型学研究的结果与当代句法理论探讨的问题结合而产生的形态句法表征模型。RCG 摈弃当代大多数句法理论常常关注科学理论的两个维度,即形而上学承诺和表征承诺,采用方法论承诺(methodological commitment),结合类型学研究实证结果,提出了一种无框架(framework-free)的语法理论——激进构式语法。鉴于 RCG 理论基础的特殊性,RCG 中的构式也有自身的特点。具体地说,RCG 中的构式特点表现在以下三个方面。

第一,构式在跨语言句法结构和语义映射中的普遍性。RCG 认为,构式是形式句法结构的唯一普遍的表征承诺。具体地说,正是构式的部分-整体结构及发生在构式中的语法角色构成了形式句法结构的唯一普遍的表征承诺。RCG 发现,构式在语言形式和语言意义映射方面的特征是语法普遍性的反映。构式是句法结构与语义结构的配对,即构式是符号或象征单位。构式语法中的符号/象征不仅仅包括像词或语素这样的原子单位,还可能是复杂的形式结构。句法普遍性是复杂句法结构与语义结构间在跨语言映射中的普遍性。作为一种跨语言概括,这种映射是复杂的、部分任意的和概率的。

不同于单语概括,跨语言概括呈现出各种变异性(variability),对这种变异性的理解,需要句法范畴和句法构式表征的新方法。RCG 认为,这些新的表征方法应该包括一个概念空间和一个句法空间。概念空间可以是连续的或半连续的,可以用于表征范畴结构。

第二,基于分布分析的构式。分布分析(distributional analysis)是句法论证的基本方法。分布分析的具体做法是:通过考察某一单位在一系列句法结构中的出现情况,形成分析句法单位的假设。例如,英语中有些动词的论元短语出现在动词后,在英语主动语态构式中无须介词连接。

⑦ a. The wind knocked the potted plants over.
b. The police tapped my phone.

例⑦a 和 b 中的两个短语 the potted plants 和 my phone,可以被描写为特定句法位置上的短语分布,或者说是短语特征或行为,也可以描写为主动构式中的角色。从另一个角度看,特定角色中出现的短语也称为测试或标准,用于衡量该短语是否属于某个语法范畴。可以看出,the potted plants 和 my phone 这两个短语都出现在及物动词的后面,分别是动作 knock 和 tap 行为的对象,具有分布上的同一性。因而,这两个短语也具有相同的行为,进而形成了一种语法类别,即**直接宾语**。

RCG 与其他构式语法一样,明确提出构式的存在。就分布分析而言,RCG 认为,句法单位的分布实际上是对一组构式的界定。所谓测试、标准、特征或行为都指构式,因为它们本身就是句法结构。分布方法界定一组句法结构(语素、词、短语等)和另一组句法结构的映射,形成构式测试、标准等作用。这些测试、标准适用于构式中的相关语法角色。例如,例⑦说明了一组短语和主动语态构式之间的映射,或者说是主动语态构式中动词后的 NP 角色。尽管分布分析最初的目的是处理形式结构之间的关系,是一种形式结构关系模式,但是,RCG 将分布分析的范围扩展到了意义层面,形成了形式和意义的联通。这也是分布分析与构式建立关系的原因所在。

如例⑦所示,分布模式用于界定直接宾语范畴,而不是用于描写例⑦中与及物构式相关的内容。因此,分布方法也通常用于假定与构式相关的句法单位,用来揭示句法单位的身份和区别性,而不是揭示出现或不出现于该句法单位中的构式内容。分布分析的这个特点基于形而上学承诺和表征承诺,即所谓的语法构块模型。语法通常被看成是由属于语法范畴的最小单位(词或语素)组成。分布方法的目的是识别构块的语法范畴,以及属于这些范畴的单位。RCG 将构式界定为语法范畴最小单位的结构化组合,而语法范畴又是说者语法知识的心理表征。从这个层面看,RCG 秉承了基于用法模型的特点。

第三,构式与分布冲突。如上所述,构式能够解决分布方法和构块模型的关系问题,但是,分布方法和构块模型在实际使用时,有可能产生分布模式不匹配的问题。如果例⑦中的 the potted plants 和 my phone 这两个短语出现在被动语态构式中(例⑧),那么,被动主语范畴似乎正好与主动直接宾语范畴对应。

⑧ a. The potted plants was knocked over by the wind.

b. My phone was tapped by the police.

但是,情况并不总是如此,如例⑨—⑩中,粗体短语的分布(特征、行为等)在被动构式方面存在差异。

⑨ a. The road extends **ten miles** into the mountains.

b. 2010 saw **the first hung parliament in Britain for over thirty years**.

⑩ a. ***Ten miles** is extended by the road into the mountains.

b. ***The first hung parliament in Britain for over thirty years** was seen by 2010.

根据内省判断,例⑩都是不合语法的句子。例⑥—⑦中,主动语态的宾语范畴可以作被动语态构式中的主语范畴,但是例⑨a、b 中的宾语范畴(ten miles, the first hung parliament in Britain for over thirty years)就不能作为例(⑩a、b)的主语范畴。就例⑥—⑦和例⑨—⑩的情况来看,这里显然存在分布上的差异。

跨语言中情况也一样,也存在分布不匹配现象,存在分布方法与构块假设的冲突。比如,通-作格(absolutive-ergative)并不与主-宾匹配,动词范畴可以内包性更强,也可以包括形容词范畴。在 RCG 看来,构式似乎可以界定不同的范畴。第一种做法是,选择某个构式作为界定语法范畴的标准。比如,被动通常被看成是界定主动直接宾语范畴的标准。因此，可以得出结论，例⑨—⑩中的 ten miles 和 the first hung parliament ... 不是直接宾语。RCG 认为，在跨语言比较中，构式在被比较的语言中都可以用来识别范畴，并将那一范畴看成是与英语主语或英语动词相同的范畴。如果在一种语言中选择的构式不能产生所希望的范畴，那么，可以使用另一构式。

分布冲突的第二种方法是通过用于分布分析的大多数构式来界定范畴，即任意选择一构式或构式的子集作为标准。RCG 将这一方法称为方法论机会主义（methodological opportunism）。由于在分布的实际运用方面是选择性的，因此，方法论机会主义实际上是放弃了分布方法而保留了构块的本体论假说：如果存在一个小小的有限的构块集合，那么这些范畴在不同的构式中出现时就都被看成是相同的。比如，主动直接宾语 = 被动主语。就是说，在主动语态中的直接宾语等于被动语态中的主语。

分布模式不匹配在所有人类语言中都普遍存在。许多语言分析的目的在于提出假设，用于解释这种分布模型中的不匹配现象。致力于特定构块集的任何分析，其目的都在于提出有关分布模式的特别解释，用于解释分布模式与构式的分布模式不匹配的情况，因为这些构式的分布模式是用于界定构块的。实际上，构块对每一种语言来说都是不同的。除此之外，分布模式中还存在内部语言变异。这也说明，构块实际上对一种语言中的每一个构式来说都是不同的。RCG 承认，如果不放弃分布分析的方法论承诺，那么就必须放弃语法构块模式的形而上学承诺。这也是 RCG 的基本出发点。

在 RCG 中，不存在独立于构式的语法范畴。换句话说，RCG 在方法论上能够对所有复杂的分布分析做出解释。因此，RCG 之所以"激进"，是因为构式在 RCG 中是基本的语法单位。构式在分布分析中得到了预设，构式可以依据形式特征及意义特征得到描写。构式形成范畴，与其他范畴一样，构式形成的范畴可能有内部结构，并且构式间的边界很难界定。更具体地说，构式之间的边界受识解的影响。

2.2.3 ▶ 基于构式的语法描写模型

RCG 拒绝接受构块模型，摈弃了纯粹使用语法范畴定义语法构式的做法。在 RCG 中，唯一的表征承诺是所有构式语法的公分母（common denominator），即规约化的象征单位。规约化的象征单位由一个或多个形式上的形态句法成分组成，这些成分中的一个或多个与语义成分形成配对。

但是，构块模型的形而上学承诺和表征承诺提供的是一个基础实践和理论目的。构块模型的实践目的是为语法型式提供框架。同时，构块模型还提供有关说者语法知识的简单模型，使之与人类思维的计算模型相兼容。因此，如果 RCG 摈弃构块模型，那它就必须提供另一方法来表征语法模式，提供另外的假设来表征语法知识。

正是基于这样的认识，RCG 从构式的角度出发，提出了表征语法范畴和语法概括的新模型。RCG 将这种模型称为"基于构式"（construction-based）的模型。该模型是一种对语言进行语法描写的新方法。也就是说，既然摈弃构块模型理论，那么原先由构块模型组织语法描写的方法，就应该转向构式，使构式能够用于界定这些语法范畴。因此，传统的词性部分应该由表达命题行为的（propositional act）构式所替代，如指称表达式、谓词构式、修饰/属性构式；有关语法关系的部分，如表示直接宾语的语法关系部分，应该由论元结构构式所替代；不同类型的修饰语（如形容词、数词等）应该由属性构式（attributive construction）所替代；等等。

另外，依据语法范畴做出的概括也应该由构式决定的单位分布分析所替代。在构式语法中，语法概念也通过构式间的分类关系和承继关系进行概括。比如，及物动词构式既可以对一大类英语词进行语法概括，也可以对更普遍的动词谓语构式进行语法概括，包括及物、不及物构式。但是，无论是语法范畴还是构式分类都不能包含语法概括的全部。一般说来，不同的构式不能描写相同的语法范畴。构式的分类等级情况也一样。例如，tickle 是一个及物动词，而 die 是一个不及物动词。就是说，[Sbj *tickle* Obj]和[Sbj *die*]分别是及物构式[Sbj TrVerb Obj]和不及物构式[Sbj IntrVerb]的实例。但是，break既可以出现在及物构式中，也可以出现在不及物构式中，weigh只出现在（主动）及物构式中，但是不能出现在被动构式中。除了分布不同外，还需要考虑为什么这些词都被称为动词的问题，因为这些词也在形态动词构式（morphological verb construction）中。

这些关系可以依据构式间的分类关系及构式的成分得到表征。比如，多重承继模型（multiple-inheritance model）、分布模式的几何式表征（geometrical representation of the distributional pattern）及语法概括的网络表征。所有这些都是进行语法概括的不同方法。

网络模型，即形态学中的语义图模型（semantic map model），可用于跨语言概括，尤其当跨语言语法范畴出现很高的变异程度时，语义图模型更具有跨语言概括性。语义图模型的核心概念是具有网络结构的概念空间。概念空间能够表征变异模式及变异范畴对变异的限制。语义图模型基于相似性进行概括：如果一个与语言相关的构式将两个功能划为一组，如A和S，或者S和P，那么说者会设想这两个功能具有相似性。概念空间将相似性关系（similarity relation）表征为网络节点间连接关系：A与S相似，S与P相似，但是A只有在包括S的概括性层面上才与P相似。语义图模型能够代替语法范畴，因为语法范畴跟一般意义上的范畴一样，是建立在成员间相似关系的基础之上的，因此，语义图模型能够承担语义范畴的角色。RCG认为，概念空间通过节点表示各个单位间相似性关系的网络，具有普遍性，而语法范畴具有语言相关性。两者都是说者语法知识表征的一部分。

RCG从跨语言的角度论证了构式的存在、构式的表现，提出了基于构式的新模型，为语法范畴和语法概括提供了新的视角，也为RCG的基于用法模型提供了理论和实证依据。

2.3 认知构式语法

自 Goldberg(1995,2006)有关构式的研究发表以来,构式语法研究便出现了认知转向,Goldberg 的构式语法也被称为"认知构式语法"(CCG)。CCG 也是典型的基于用法的构式语法。据此,我们借用《牛津构式语法手册》中 Hans C. Boas(2013)的有关论述,对 CCG 的主要组织原则和架构、CCG 中构式知识的组织及 CCG 与其他 CxG 的比较做一介绍。

2.3.1 ▶ CCG 与基于用法模型

CCG 与 CG 和 RCG 一样,都认为语言模型实际上应该能够全面解释说者的语言知识,都承认语法构式是语言的基本构块。正是 CCG 拥有的这种语言观,才使得 CCG 和 CG、RCG 一样,具有基于用法的基础。CCG 的基于用法模型主要通过组织原则和组织架构表现出来。这些组织原则和组织架构具体包括构式界定、构式类型和多重构式互动三个方面。

(一) 构式的界定

构式观认为,构式是学得的形式和意义(功能)的配对。Goldberg(2006)对构式的定义概括了基于用法的构式语法的本质。(有关构式的定义见 1.1.3)

依据 Goldberg(2006)的观点,构式涉及所有层次的语法分析。因为任何语言型式只要被使用都会有频率产生,因此,任何构式都是可以学得的。这些形式和意义或功能的配对包括语素或词、习语、部分填词和完全的词汇模式。也就是说,即使是最一般的句法结构,也有相应的语义解释规则,即 CG 和 RCG 所谓的象征单位。构式的体系结构(architecture)将特定的形式与特定的或规约的意义联系了起来。

正如图 2.1 所示,构式的形式可以与语言上相关的不同种类信息相联系,包括句法、形态学和音系学方面的信息。构式的形式通过象征联结与意义相连。"意义"这个术语可以理解为包含与构式功能相关的所有规约化方面的信息。譬如说,如果语篇语境恰当,那么像在 The tiger killed again 这样的句子中,某些表达义务的论元也可以省略。或者说在某些语用情况下,某些特别类型的构式,如在 "What's that fly doing in my soup?" 这样的句子中,可以用来表达惊讶。构式可以被看成是形式和意义的配对的观点,对语法架构有许多重要的影响。

(二) 构式的类型

"构式会一路走下去"(Goldberg 2003)是 CCG 中对构式特征的主要写照。也就是说,当不可能预测所有关于使用、内部组成的事实及组合潜能时,或当单独的理据原则或已知的构式不可能预测某一型式的意义时,就有必要提出一个单独的构式。该新构式同样需要遵循一般构式架构原则,即一个特定的型式与一个特定的(规约)含义的组合。

构式不仅在大小和复杂性上有所不同,而且在表达的意义上也有所不同(参见表 1.1)。这些简短的例子在构式的大小、复杂性和能产性方面各有侧重,但并没有解决 CCG 中讨论最广泛的构式集,即论元结构构式。

论元结构型式,或称论元结构构式,是 CCG 研究的重要贡献。Goldberg(1995)认为,论元结构构式因独立于谓词所带的词汇论元而存在。英语中的双及物、致使移动、动结构式、way 构式能够为额外的论元提供动词的语义。构式的中心论点是,有意义的构式不作为实例的词而独立存在。该观点旨在避免小句的句法和语义完全来自主要动词这一主张(Goldberg 1995:224)。这种观点有一个优势,即在非常规的环境中出现的动词,不需要对不确定的动词意义做出假设。

英语中的论元结构构式都具有将动词与构式融合的一般机制。如 way 构式(They laughed their way into the meeting)、双及物构式

(Joe baked Miriam a cake)、动结构式（Kim painted the brush to pieces）。为了避免动词与构式之间不可接受的融合，CCG提出了两种限制，分别是与特定构式有关的限制和更普遍的限制。对限制的应用关键在于不同构式（及其限制）所授权的表达式，只要这些构式和限制不造成冲突，那么动词和构式之间就可以融合。此外，还有更多的普遍限制规范动词与结构的融合，其中包括语义一致原则（semantic coherence principle）和对应原则（correspondence principle）。(Goldberg 1995:50)

Goldberg关于论元结构构式的贡献在于提出"短语型式不是由动词单独决定的"主张。该主张解释了为什么同一个动词可能出现在多个句法框架中。为了避免抽象的论元结构构式类型过于庞大，可能产生无法证实的句子，CCG提出了相应的解决方案。首先，动词和构式融合的限制，并不能完全防止构式与某些类型的词项融合。其次，词项的身份有时是有问题的，因为在大多数情况下，动词的意义是用相对稀疏的框架语义信息来表示的。因此，关注动词本身的意义，通常会忽视构式概括的一般方式，因为动词的意义常常以异质的方式规约化。从词汇-构式的角度看，每当抽象的、有意义的构式蔓生时，就应该从框架的角度来处理动词的意义。也就是说，动词意义本身就是具有语义、语用和句法规范的微构式（mini-construction）。微构式可以与其他微构式形成类别，建立具有不同语义抽象级别的、反映一般模式的承继层级。这就意味着，构式对抽象意义的概括非常宽泛，但如果想要获得更多有限的规约化模式，就需要通过层级网络中各个中点层面上的具体构式来实现。

除了论元结构构式以外，CCG的构式思想也可用于描述和分析其他语言现象。比如，与话语相关的信息构式存在去侧显宾语构式（deprofiled object construction）。去侧显宾语构式是一个直接影响论元结构的话语构式。这个构式由两个部分组合而成，一个用于降低语篇突显程度，一个用于强调行动。该构式允许这些论元不出现在句子中。例如，在Tigers only kill at night这样的句子中，及物动词kill的论元可以省略。根据去侧显宾语构式的要求,该论元在话语中并不突显,因而不需要表达。去侧显宾语构式采用将话语突显从受事论元处移开的方式,来实现交际功能,从而有效地允许受事论元在构式中的缺席。

英语中还有其他与话语信息相关的构式,如名词性外置构式、隐性主题构式(implicit theme construction)及言语行为构式等。Goldberg(2003)概括了此类构式,并举例进行了说明(见表2.2)。

表2.2 非常见能产性或半能产性构式(Goldberg 2003)

TIME away construction （时间 away 构式）	twistin' the night away
What's X doing Y? 名词外置构式 (nominal extraposition construction)	What's the fly doing in my soup? It's amazing the difference!
《疯狂》杂志构式 (*Mad* Magazine construction)	Him, a doctor?!
名-代-名构式(N P N)构式 (noun-pronoun-noun construction)	house by house, day after day
滞留介词构式 (stranded preposition construction)	Who did you give that to?

(三) 多重构式互动

CCG只有一个层次的表征,即"所见即所得"(What you see is what you get)语言模型。具体地说,句子许可不同组别的构式,只要构式不存在冲突,各个组别(构式)就可以自由组合形成实际的表达式(参见图1.1)。在与不同的构式组合时,各个组别构式在建构句子时都能完成不同的任务。例如,当VP和NP构式将词(构成)组合成较大的短语时,wh-构式许可动词论元what置于句首位置,而双及物构式则可通过特定的形式/功能与特定的意义进行配对编码语法关系。在这里,所有相关的构式都可以组合,只要不发生冲突,这些构式可以自由结合并在任何一个层面上组合,形成句子。

CCG的多重构式互动在于通过表层形式系统将共有某种意义的构式联系起来。方位变换(locative alternation)就是一个典型的例子。

在这里,我们需要仔细观察动词与论元结构构式的子集之间是如何发生系统互动的。我们可以通过识别两组构式所共有的 load(装载)意义,观察例⑪a 和例⑪b 中交替形式之间在意义上的重叠现象。

⑪ a. 致使移动构式(Pat loaded the hay onto the truck)

　　致使移动(致使 主题 路径/方位)

　　装载(装货人 装载物-主题 容器)

 b. 使役构式 + with 构式(Pat loaded the truck with hay)

　　致使(致使受事) + 媒介物(工具)

　　装载(装货人 容器 装载物-主题)

动词(load)这个词项由参与者角色装货人、装载物-主题和容器组成。该动词能够与致使移动构式或使役 + with 构式融合。至关重要的是,动词参与者角色的不同识解允许 load 与不同的构式融合:装载物-主题角色可以被识解为例⑪a 中主题角色的类型,也可以识解为例⑪b 的媒介物类型。容器角色可以被识解为例⑪a 中的主题角色,或识解为例⑪b 中的受事角色。

同样,图 1.1 中的句子得到许多不同构式的许可。只要构式不发生冲突,这些构式就可以统一、融合或组合。因此,一旦某一构式的限制得到满足,动词和论元结构构式之间的融合就有可能发生。

2.3.2 ▶ 构式知识的组织

语言研究的所有构式方法都用统一的方法表征语言知识,认为语法是非派生的、非模块化的。CCG 从理据性、构式分类和能产性的角度,就构式知识如何得到组织进行了阐述。

(一) 理据性

CCG 的目标是提供有关语言心理现实性的解释,考察如何依据更一般的认知原则采用不同的方式建构构式清单。正如语法形式的许多方面都来自说者间的社会互动,CCG 认为,语言中任何构式的存在都受人类的相互作用和认知特性所驱动。这就是所谓的理据性

(motivation)。就语法构式而言,理据性常被用来解释这样一个事实:形式上类似的构式在语义上也常常是相似的。CCG 认为,最大化理据原则最能反映构式的组织问题,即"如果构式 A 与构式 B 在句法上有联系,那么当构式 A 和构式 B 在语义上也存在一定程度的联系时,构式 A 系统的存在是有理据的……这种理据是最大化的"(Goldberg 1995:67)。

英语中的主-助倒装(SAI)构式包括 yes/no 问句、(非主语)wh-问句、反事实条件、句首否定副词、希望/诅咒、感叹句、比较句、否定连接性副词(negative conjunct)和肯定回答(positive rejoinder),但在主-助倒装构式中存在着系统性的差异。这种系统差异主要来自功能方面,即与原型(肯定)句之间存在的区别。在 Goldberg(2013)看来,SAI 构式形成了一个自然连贯的范畴。该范畴从中央向四周形成规约化扩展,并通过转喻产生的部分语义重叠,触发各类 SAI 构式之间的句法联系。CCG 通过 SAI 构式现象,进一步说明了理据性在建构语法中的作用。

可见,"功能理据是形成语法表面上异质性的原因"(Goldberg 2006:181)。CCG 认为,理据性不仅规定了构式的形式,而且能够从语义和语用的角度做进一步预测或概括。CCG 将理据性看成一个解释因素,分析说明构式的语义和形式重叠现象。与理据性概念密切相关的另一个组织原则是构式网络,即在默认的承继层次结构中形式和功能相关的构式彼此相互关联。

(二) 网络和承继层次结构

接受 Langacker(1987:63—76)的观点,CCG 将构式视作形成说者语言规约知识的结构化清单,而不是偶然收集的例外和异常现象。为了建立构式之间的关系模型,CCG 提出了分类网络(taxonomic network)。该网络是一个从具体构式到图式构式组成的连续统。在这个由连续统组成的构式网络中,每一个构式都是该网络上的一个节点。承继层次结构是分类网络的一个关键特征,因为承继层次结构允许对其他构式所承继的更高层次的构式进行概括。可见,人们的知识结构就像一张网络,在语言处理过程中,该网络以构式的形式存储各种信息,包括概括性和更具体的规约化实例。网络中的承继现象可以是局部发生的。CCG 将这种局部发生的承继现象称为"部分承继(partial inheritance)"(Goldberg 2013:24—25)。部分承继允许一个范畴的具体实例之间存在系统性的例外。

CCG 的另一个特点是如何看待构式之间的关系。依据构式组织与概念范畴类似原则的观点,CCG 发现了构式之间存在的各种联系,包括子部件联结、实例联结、隐喻延伸联结、多义联结。子部件联结是指一个构式是另一个构式的一个子部分,并且该子部分独立存在。实例联结是指一个构式是另一个构式的特殊的例子。

隐喻延伸联结代表了构式之间特定的隐喻扩展。例如,动结构式(Joe kicked Bob black and blue)是致使移动构式(Joe kicked the bottle into the yard)的一种隐喻性延伸。其中,"状态变化即位置变化"隐喻对两个构式语义之间的关系做出了解释。

CCG 另一个重要的构式联结是多义联结。多义联结代表了具有相同句法规范但语义不同的构式子类之间的关系。例如,双及物构式有一个与特定动词类别相关联的中心义"X CAUSES Y TO RECEIVE Z"(Joe gave Sally the ball)(Goldberg 1995:75)。此外,双及物构式共有 5 种引申义,这些意义都通过多义联结与中心意义相连,并从原型中继承了句法的构式图式,而意义引申也与特定的动词类别相关,见(1)—(5):

(1) 满意条件:X CAUSES Y TO RECEIVE Z
　　(给予类动词与满足条件相关,如 Joe promised Bob a car)
(2) X CAUSES Y NOT TO RECEIVE Z
　　(拒绝类动词,如 Joe refused Bob a cookie)
(3) 在某个将来的时间点:X ACTS TO CAUSE Y TO RECEIVE Z
　　(将来转移类动词,如 Joe bequeathed Bob a fortune)
(4) X ENABLES Y TO RECEIVE Z
　　(承诺类动词,如 Joe permitted Chris an apple)

(5) X INTENDS TO CAUSE Y TO RECEIVE Z

（包括创造类场景动词和获取类动词，如 Joe baked Bob a cake）

CCG 认为，一组构式不是由不规则组织模式的具体实体组成，而是一种"显示原型结构并形成关联网络"的"高度结构化的、相互关联的信息构架"（Goldberg 1995：5）。

（三）频率和能产性

依据 Langacker(1987)的基于用法模型，CCG 强调频率在构式网络形成中的作用。在 CCG 中，频率对于解释构式的能产性也很重要。

影响构式能产性的另一个重要因素是形符频率(token frequency)。形符频率决定了实词形式的固化程度、开放程度（如出现在某一特定模式中的词项的可变性）和统计优先性(statistical pre-emption)（即在竞争模式中反复出现这个词）。

另外，CCG 还接受 Barðdal(2008)的观点，认为能产性最好被看成类符频率、语义一致性及两者之间逆相关的函数，即能产性渐变体(productivity cline)。在能产性渐变体中（见图 2.3），位于顶部的构式不仅是最具能产性的构式（并能够与高类符频率一起出现），而且也是最一般和最有规律的构式。类符频率最低的构式在语义一致性(semantic coherence)程度方面，既可以低，也可以高。

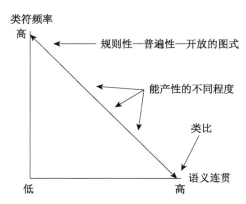

图 2.3　能产性渐变体(Barðdal 2008：172)

能产性渐变体思想,综合了频率和语义一致两个维度,比单纯地依靠频率决定能产性更能说明构式的基于用法的特征。

2.3.3 ▶ CCG 与 CxG 的异同

CCG 与其他 CxG 有诸多共同之处,都强调构式在语言中的中心地位,认为语言的体系结构是非模块化的、非派生的,并且这种构式是可以基于输入而学得的。但同时,CCG 也与 CG 和 RCG 存在差异。这三种方法都是基于用法的,都强调心理学上的合理性,都采用认知语义方法,包括识解、语境中意义的动态观,都将理据(motivation)看成是一个中心概念,因而并没有提出太多的形式化概念。

CCG 的基于用法观强调频率和实例化在构式中的作用,明确提出频率在建构构式中的地位,因而即使是完全规则的模式,只要有足够的频率,也可以与抽象构式一起存储。

CCG 与 CG 和 RCG 的另一个关键性区别在于,CCG 明确提出了形式明晰度和最大概括的作用。CCG 并不关注严格的语言形式化,因为 CCG 试图以一种透明的方式,与语言加工理论、习得理论和历史演变理论建立接口,进而表达语言知识。(Goldberg 2006:215)因此,CCG 通常采用表示论元结构构式的盒式图表,结合构式与动词融合的语义和语用的条件限制,将形式化保持在一个极小的程度。这种方法的优点是灵活性强,不会强加任何严格的形式化,从而能够更好地对用法模型做出解释。

第三章 基于用法的构式研究:理论

CG、RCG 和 CCG 的核心思想和假设为构式与基于用法模型的结合提供了很好的范例,基于用法的构式语法研究逐渐在认知语言学领域赢得一席之地。在本章中,我们对基于用法的构式语言研究所涉及的相关理论进行简单介绍,具体包括范例模型、构式演变的原则和构式化与构式演变。

|3.1| 构式和范例模型

本节的观点和内容来自《牛津构式语法手册》中 Joan L. Bybee (2013)《基于用法的理论与构式范例表征》一文。Bybee 在该文中概述了构式语法的一种观点,即说者的心理语法是在反复接触特定语句的过程中形成的,认为一般域认知过程,如范畴化和跨模态联想,在构式的固化中发挥关键的作用。因而,所有的语言知识都是浮现的,并且是不断变化的。构式的产生是组块过程和范畴化的结果,因此,构式的范例表征具有多种不同的表现。

3.1.1 ▶ 构式与"所见即所得"

基于用法理论的基本假设是:语言经验创造并影响语言的认知表征(Langacker 1987,2000a,2000b)。认知表征是语言使用者根据语音形式、意义和语境对话语进行编码和范畴化的基础上建立起来的。通过与现有的表征进行比较,不断涌入的话语得到了分类、匹配,在此基础上音节、词和构式等单位就逐渐浮现了出来。因此,语法可以被理解为对语言体验的认知组织。(Bybee 2006)

在探究语言的认知过程时,通常首先要考虑一般域(general domain)的认知过程。一般域是指除已知的语言外在域中发挥功能的要素，如视觉或神经运动加工。一般域的加工过程涉及范畴化、跨模态联想和神经运动自动化等方面。范畴化可以应用于语言形式和意义的各个层面。正如语境与意义的特征一样，音素及音素的组合也可在现有表征的基础上得到范畴化。跨模态联想能够将体验到的语音形式与语境和意义的性质匹配起来。自动化允许语言单位以规约化的方式组合起来，从而使语言的生成和感知更加流利。（Bybee 2013:50）

重复是人类语言的一个重要特点，不管是单个的单位还是单位的序列都有高度的重复倾向。重复能够生产范畴和联想的规约化及序列的自动化。如果某些单位和序列比另外一些单位和序列重复的次数多，则表明单位和序列在生成和感知的程度上存在差别。这些差别是识别认知表征特征的依据。因此，在基于用法理论中，对各种频率效应的研究有助于对语法组织本质的理解。（Bybee 2007）

语言是不断变化的，并且这种变化是渐进的。语言会随着使用而发生变化。变化归因于特定的认知过程在语言使用中的应用方式，因此，变化为理解构成语言基础的认知过程提供了重要的窗口。变化是渐进的，语言的范畴和单位也是多变的，因而语言单位之间形成的是一个梯度，而不是有严格界限的范畴。从这层意义上来说，语言结构是浮现的，并且通常受某些常规过程的管辖。尽管如此，语言总是随着个人和特定使用情景的再创造而发生变化。因此，语言不是一个固定的、静态的表征集合，而是不断受经验的影响。这种经验的影响不仅表现在儿童语言习得方面，也表现在成人的语言学习方面。

在基于用法理论中，语言研究的对象既涉及语言能力，也涉及语言使用任务。语言能力是指存在于母语使用者认知表征中的能力，语言使用任务是指感知和产出语言过程的任务。因此，在基于用法的语言研究中，我们可以从多种途径获得数据，从而形成假设、验证假设。这些数据来源包括实验、儿童语言习得、语言演变和代表自然语言的大型语料库。语料库数据能够部分代表母语使用者的直觉。因此，语言研究以自然情景中记录的语言使用实例为基础，这是基于用法语言研究的主要特征。

构式没有中介结构,是形式和意义的直接配对,特别适合基于用法的模型。构式主义方法强调构式的所见即所得的模型(参见1.2.2)。在这种模型中,语言使用者的语言经验可以在认知中得到直接的表征。所见即所得的模型已经成为构式研究及有关用法和认知效应研究共同关心的话题。

构式是可识别的,因为构式是由在某一语言层面上具有异质表现的词组合而成的。构式可能形式特殊,但是通常在意义或语用效果方面无法预测。然而,从基于用法理论的视角来看,构式可以看作加工单位或语块。这些单位或语块是经常一起使用而被整体存取的词或词素的序列。这意味着经常被使用的词的序列,即使意义或形式不具有异质性,也同样可被看成是构式。(Bybee 2006;Goldberg 2006)当然,这种语块或规约化的序列经过一段时间的使用,很容易产生特别的语用含义,延伸出特别的意义。同样,这些语块或规约化序列,也能以各种方式产生形式上的异质性。

3.1.2 ▶ 构式的范例表征

构式语法强调表层导向及构式的创新使用,并论证语言中存在抽象的特定形符。构式的范例观能有效解释这种抽象的本质,说明体验到的构式形符在形成构式的认知表征中所发挥的作用。(Goldberg 2006;Bybee 2010)下面分别介绍构式范例表征的种种表现。

(一)范例模型

范例模型提出,记忆语言经验与记忆其他经验的方式相同。首先,体验语言行为的每一个形符都对认知表征有影响。其次,当存储的表征在编码或解码的过程中被使用时,表征本身会发生变化。另外,语言经验的存储不仅包括被加工的形符信息,而且包括形符的形式及形符使用的语境。在范畴模型中,一般范畴和语法单位可以从记录在记忆里的经验中浮现,因为范例是通过彼此的相似性而被范畴化的。这是一种连续的体验,且范例之间彼此联系。

范例模型的性质及其与构式的关系主要表现在以下几个方面。

第一，很多构式在形态句法、语义、语用和语音方面都有异质的特征。说话人/听话人的很多语言知识无法从一般规则中得到预测，而是必须借助与特定构式相关联的具体信息。在范例模型中，具体信息都能找到一个自然的表达。所有信息的存储和范畴化不仅是对语言输入的一个基本回应，而且能应用于所有具体的和一般的构式中。

第二，以范例形式存储的表征，允许通过形符和类符频率向用法做出回应；这些频率模式对理解构式中图式空位的范畴非常重要。

第三，构式的具体实例形成新的构式，因此构式的具体范例需要认知表征。

第四，范例模型允许语境的具体意义影响认知表征，这就是说，语境决定词和构式义的产生，能解释词和构式如何受到由语境产生的意义的影响。

第五，范例模型适用于语言范畴，也适用于非语言范畴。范例模型采用基于用法的观点，认为语言是整体认知的一部分，我们需要从语言之外为语言现象寻找解释。

(二) 构式范例：作为语块的构式

构式的范例表征说明，语言现象的解释可以在语言之外的语境中或百科知识中找到。语言中的构式范例通常表现为语块，并且具有如下特点。

第一，范例的性质。首先，范例的大小不同。语言范例大小各异，范围从一个单独的片段到一整个段落。范例通过相似性组合在一起，范例云组成范畴。范例范畴由相似性和频率构成，并常常呈现原型效应。其次，范例强度不同。与由少量形符建立起来的范例相比，由大量形符建立起来的范例更具有代表性，强度更强。较强的范例或范例集合常常形成范畴的中心，其他范例与较强的范例或范例集合或多或少具有相似性。

第二，范例范畴形成的标准及其联系方式。由于范例建立在感知刺激的基础上,并基于相似性组合在一起,因此,语音、语义、语用或语境构成了范例云形成的标准。来自不同域中的词、短语或者构式,通过范例范畴联系起来。这就是说,语言的范例模型必须允许跨域联系,并以体验中的共现为基础。因此,范例像构式一样,能够提供直接的形式和意义配对。

除了跨域联系以外,范畴还可能建立在元音层面、词的层面等很多不同的语境中。事实上,一个词的范例云可能包含在该词的所有意义和语境中。

(三) 范例表征的信息

范例表征不仅有形式,而且还能提供各种信息,表达各种意义。

1. 语义和语用信息。

根据基于用法的观点,构式是由于经常使用而规约化了的词序。形式和用法的细节自动记录在范例表征中,并通过固化成为构式的内在组成部分。因此,范例模型对解释构式如何获得异质的语义/语用和语音特征至关重要。事实上,冗余的信息或许能为构式新用法的形成提供重要的基础。

构式特殊的语用含义是开展构式讨论的一个重要依据。例如,WXDY 构式或许起源于有关"抱怨""指责"的隐含意义,即语义上的不一致与 WXDY 特定的形态句法规约化地联系在一起(参见1.1.2)。

这种规约化的发生与范例模型有关。在一个范例模型中,语义表征通常只包含一个核心或抽象的意义。范例模型将记录使用实例中的每一个推断。如果大多数场合中的推断都相同,那么,该推断的强度就增加。如果一个构式的语义范例具有足够的推断强度,那么,该推断就规约化为构式意义的一部分。这一现象既可发生在历时的区间中,也可发生在语言习得的过程中。在语言习得过程中,学习者能够通过推断的强度明确构式的含义。

2. 语音信息。

与语义和语用信息一样,语音变化与构式中词的简化有关。随着使用频率的增加,语法化结构也趋于简化。在简化过程中,词常常会发生很大的变化。如英语中 going to 的语音变体,从完全形式到拼写为 gonna 的变体,再到 I'm gonna [aim gənə] 中的极端简化形式。

尽管语音简化或同化概率极小,但是在范例模型中,这种简化效应通过建立一个新的范例记录在记忆中。如果记录的那个范例后来在产出中被选用,并且在产出过程中被进一步更改,那么另一个范例将被建立。对于出现在非重读位置的高频词,这种渐变的过程可以导致极端的简化的情况,如 I'm going to 中的 gonna 和 I don't know 中发生的情况那样。同语用/语义变化的情况一样,范例模型对有效解释这些语音变化如何发生至关重要。

(四) 作为范例范畴的图式空位

在构式表征中,范例还与构式中图式空位的扩展方式有关。构式中的图式空位可能包含出现在该空位的所有项目,或包含限制该空位的抽象语义特征的集合。当然,也可能两者皆可。

占据构式空位的词项集合,可以由两个或两个以上联系紧密的项目丛构成。例如,way 构式中,跟 way 构式一起使用的动词要么表示动作方式(如 weave one's way),要么表示手段(如 clawed one's way)。不仅如此,way 构式还可以有更具体的动词丛,如表示弯曲的动作(pick, thread, wind, wend, worm, weave 等),或表示费劲的动作(plod, crawl, grind, slog, stumble 等)。(Goldberg 1995)在使用构式时,说话人更倾向于参考构式中已使用过并存储在记忆中的词汇项目,并通过词汇项目的类比方式联系起来。

构式的范例表征包括所有出现在构式空位中的组成词表。这个词表(通过意义的相似性组成丛)是构式产生新扩展的基础。在构式图式范畴中,基于项目的扩展构成了家族相似性结构的基础。另外,基于项目的扩展也存在局部扩展现象,用于说明构式中词汇空位并不纯粹是语义的,而是包含很多记录在记忆中的有关词项的信息。也就是说,如果构式表征只记录语义特征,那它就无法解释图式空位的扩展了。

(五) 形符和类符频率

语言表征的范例模型是由范例的性质决定的,范例模型记录了范例在语言体验中发生的频率。范例模型中的频率包括形符频率和类符频率两种形式。

1. 形符频率。

每一个体验的形符对语言项目的记忆都有影响。为了便于存取,表征通过重复得到强化。这一观点与形符频率有关。所谓形符频率,是指一个特定的词串在一个文本或语料库中出现的次数。因此,一个构式被使用一次,它的组成部分就被强化一次。但是,构式还是有图式空位,这些空位由不同的范例表示,从而形成范畴。这些范畴可以在形符频率上有所变化,也就是说,出现在空位中的项目在数量上可以不同。

一个构式(如 drive 动结构式)可以从 drive 的众多形符中建立起来。这些形符包括组成 drive 动结构式(It's enough to drive you crazy, It's driving me crazy, It drove him wild)的 drive, driving, drove 等多种形式。出现在该动结构式中的项目构成一个个范畴。

构式是在一般域的组块过程中形成的,重复的体验序列被当作单位整体记忆和加工。这些过程在语言的使用中逐渐起作用,因此,产生作为单位的构式并不意味着构式一旦形成其分析性就立刻丢失。相反,大量的重复可以产生自动化。当构式的一个高频实例映射到图式上时,能够更加牢固地与该图式本身的序列发生联系。

2. 类符频率。

类符频率需要测量。测量通常在构式语境中进行,目的是计算出现在构式图式化空位中不同项目的数量。构式空位都有自己的类符频率。在构式表征中,类符频率直接与能产性相联系。一般而言,一个构式的类符频率越高,该构式就越容易产生新项目。类符频率对能产性的影响受两个因素限制。第一,很高形符频率项目可能形成一个更加独立的词块,但不能激活构式的范例丛。因此,这些项目对能产性不起作用。第二，图式化空位的语义性质可能限制能产性。

空位的语义或形式决定空位的图式性。一个高图式化的空位涉及的范围更广；一个低图式化的空位可能只有一个较窄的定义。图式性与能产性是彼此独立的。一个空位在某个语义域中可能相当能产，会触发这个空位产生可能的扩展形式。但是，至少有两个因素在高类符频率和能产性的关系中起作用。第一，构式中的类符数量越多，基于项目的类比就越能创造构式的新实例。第二，加工低频构式实例需要句法分析或激活构式表征，从而使构式得到强化；加工高频构式实例，可以不激活构式，因此不能强化构式。

类符频率和形符频率对我们理解构式都非常重要，因为形符和类符影响构式空位范畴的形成、空位的能产性及构式的可分析程度和构式的特定范例。频率表征是范例表征的一部分，频率表征能够对构式语法的范例表征模型提供支持。

（六）新构式和旧构式的关系

构式范例表征的另一个重要观点是新构式由现存构式发展而来的。(Bybee 2006)例如，What's X doing Y 构式具有规约化的特殊语用含义（见1.1.2）。这个构式的形态句法与其本源相比完全相同。其本源是一个正常的问句，由 what 和动词 do 的进行时态构式组成。但当 What's X doing Y 进入了英语构式范畴，就至少有一部分表征独立于构式。范例表征对模拟新构式的产生至关重要：在记忆表征中记录了一个有特殊含义的构式实例。如果相同或相似的实例产生相同或相似的含义，范例将形成表征丛，如构式的特征等。

就问句本身的意义而言，what 问句并不能解释新构式的含义。正是 WXDY 构式使用的特定语境增添了语用含义。但是，如果在特定语境找到的这些特殊含义不能成为构式实例表征的一部分，也不会产生新构式。因此，说话人和听话人在使用语言时改变了语言，并且这些变化永久地记录在表征中。

一旦一个新构式形成，新构式仍然可以跟本源构式紧密相连。然而,经过一段时间和许多用法事件后,新构式可以变得越来越独立。这是通过组块过程发生的。当一个序列不必激活相关的词项和构式而被直接存取时,该序列就强化了内部的序列关系,但是没有强化与其他项目的联系。(Bybee 2010)通过多次重复这个过程,新构式就会失去可分析性。因此,范例模型提供了表征基础,在此基础上构式的一个特别实例可以变成一个新构式并独立于其本源。

(七) 构式范例的语义和语用

丰富的记忆表征反映了语言的意义对百科知识或个人世界知识的高度依赖。百科知识的表征及语言知识将自然地从范例模型中浮现。在范例模型中,词或构式的形符连同与之相关的情景一起表征在记忆中。

既然记忆可以记录大量的细节,那么,语义范畴如何从体验的表征中抽象出来?这些范畴的抽象程度如何?对这些问题的回答涉及儿童语言发展中抽象过程的本质及由此产生的范例和抽象范畴之间的关系。语法意义由于抽象程度高,因而依赖百科知识的程度较低。语法意义通常借助构式谈及讲话情景本身(如指示成分)或话语的内部关系。但是,构式的意义和语法形态必须通过具体形符的使用才能建立,所以仍然会产生具体和抽象的关系问题。正如我们必须能识别环境中不同实体的特性,并找出语言成分的共同点一样,我们同样要能找出构式情景的共性特性。当共享的性质被识别后,构式的表征就得到了强化,而不被共享的特征就得不到强化。因此,只有一部分特征与构式相联系,从而产生构式的抽象。

即使语法和构式的意义在一些语境中可能非常抽象,但是,特定语境中的用法可以影响语法和词汇形态的意义。在认知表征中,每一个形符都跟大量的语境相联系,从而决定形符与范例的映射方式。

3.1.3 ▶ 范例模型的优点

范例模型本身不是一种语言理论,而是一个记忆表征的模型。范例模型提出了记忆存储的机制和由此产生的结构或范畴,但没有提出任何语言学范畴的内容,如为什么语言中常常有表示过去或将来的标记,而没有提出诸如"主语"等范畴。范例模型提出了记忆表征的抽象程度,为跨越语言形式(语音)、语境、情感和意义等多个域的体验提供了丰富而详细的记忆。

由于范例模型允许任何范畴类型或性质形成或提供相似性配对的基础,因此,范例模型似乎过于自由化。但是,Bybee(2013)认为,情况并非如此。范例模型允许(经过人类认知和注意过滤的)语言体验作为决定范畴性质的基本因素。由此,范例模型留下了很多语言学问题,需要通过语言之间的比较和语言变化的研究等经验来说明。

基于用法理论涵盖了广泛的具有共同前提的研究问题,即语言使用在确定语言认知表征的性质中起到了至关重要的作用。换句话说,用法事件创造语言结构。基于用法的前提直接产生了构式。构式的意义和形式直接相连,成为语法的基本单位。范例表征是语言基于用法理论的中心,它反映了人类认知在处理体验符号时语言结构浮现的方式。因此,范例表征有助于解释构式的动态性质,包括构式如何从其他的构式中产生及构式如何随着时间而发生变化。

范例表征的另外一个重要优势是,范例表征能记录构式的形符频率和类符频率。频率效应引出了很多值得研究的问题,如形符频率与类符频率的互动问题,构式的渐变问题,图式化和类符频率在决定能产性时的互动问题,以及不同层次形符频率的效应问题。

基于用法的方法具有两个方面的性质:第一,表征是动态的,并且随着用法事件的变化而变化。这种描述变化的能力能够解释构式怎样发展、为什么发展的问题。第二,创造构式进而创造语法的过程是跨域的。创造构式的过程,即跨域联合(联系语音和意义或语音和语境)及组块和范畴化,同样适用于其他认知域,如视觉域或动觉域。这两个性质合起来为语言学理论提供了强大的解释力,也为构式语法的发展提供了动力。

|3.2| 语言使用与构式演变

构式的范例表征呈现出多样性的特点,其中之一就是新构式和老构式的关系。新构式从老构式的基础上发展而来这一范例表征,为构式的演变提供了佐证。本节介绍《牛津构式语法手册》中 Miriam Fried(2013)的《构式演变的原理》一文中的内容。

3.2.1 ▶ 语法化与构式语法

语言既处于特定的语境中,也处在不断的变化中。语言变化与语言使用有关。传统对语言变化和语言使用关系的研究,侧重对语法系统中具体单位的描写,即对脱离语境的演变实例的描写。随着构式语法研究的发展,研究重点向实例概括层面发展,目的在于探索并解释重复出现的演变类型。重心的转变至少说明了两点:①需要建立一种适应语言演变的梯度本质、具有可操作性的解释模型;②为建立充分的语言理论,必须确定历时分析及历时证据之间的关系。

这种基于语境的新的语法功能和语法模式受到了语法化和构式语法的共同关注。具体表现在以下两个方面。

(一) 构式的工具作用及其特征

探讨构式演变旨在对基于类比过程的结构与机制进行描写。由于构式语法方法能够将进化方法整合至基于文化的语言演变中,因此,构式语法方法有可能成为历时分析的可靠工具。

由于构式语法把语言形式、意义、功能和使用原理都统一起来,形成一个综合的整体,因此,从这层意义上来说,构式语法是为语法化理论服务的。语法化作为一种内在组合关系,具有语境敏感性。语法化关注某一语言型式中该形式与功能所产生的变化。构式作为内部复杂而又多维的符号概念,本身就属于一种有用的描述性、解释性概念。另外,追踪具体成分意义的变化过程,需要参阅整个组合序列即构式。

因此，构式可以作为一种工具方法，用于解释历时语言演变中的现象。

为了从历时的角度验证构式方法的有效性，有必要就语法化研究的具体特征进行概括，从而进一步挖掘语法化与构式语法的关系。这些特征如下。

(1) 在描写形式与意义/功能之间的规约关系中，构式提供了功能原型的蓝图，准允合乎语法的语言表达式应用于任何大小、任何内部复杂的(形态单位、词、短语、小句、话轮等)语言单位。构式的目的在于确认实际交流中促进生成与吸收的共现词丛的特征，形成对说话者语言知识的概括。构式的多维特征反映了语境在确定词的组合特性方面的作用。构式模型提供了基于原则的、系统的概括，包括词的复现及语言表达式在语义和语用特征规约性的期待。构式模型在概括中并不考虑这些语义和语用特征是否作用于语法模式的(相对)稳定性，也不关注这些语义和语用特征能否激发新的表述方式。

(2) 构式表征的一个关键特征来自 CxG 对构式的理解。CxG 从规约的角度确定构式是一个整体，并对构式组成成分的特征进行了理论区分。从规约的角度确定构式是一个整体，指的是构式表征的外在的(或构式的)特性。构式组成成分的特征，指的是构式表征内在的(或成分层面的)特性。这种区分便于系统概括构式的组合关系，同时对语言符号的内部结构提供解释。在历时分析中，这种区分极为有用：语法化一般包括一系列小规模的、基于特征的调整。总体来讲，这些调整可能造成整个语法模式在形态和语法地位方面的变化。构式语法可以获得增量特征，包括语法模式及词项(词、词素)之间可能的错误搭配。这些词项在填补语法模式的同时，其意义或语法地位会随着时间的推移而变化。

(3) 与外部/内部对照关系相应的另一个特征是构式的非合成性特征。构式有其自身的功能(或意义)，不能简单地从其成分特征中得到预测。构式是表征的对象，同时被指派一个或多个规约功能，连同促使形式和意义规约化的成分。在历时语境中，这意味着构式分析方式能抓住合成与非合成模式之间的转变。事实上，语言单位新的组合

(意义或功能完全透明)和规约存在的组合(内部结构不透明)之间,存在由于持续的张力而产生语言上的变化,对此,构式方法都能做出解释。尽管如此,强调构式层面的非合成性仍至关重要,但强调构式层面的非合成性,并不意味着不能分析构式的内部结构或构式成分的特征。强调非合成性,并不否认构式内部结构的作用。

(4) CxG 强调构式与语式同样重要。构式是"语法的片段"(Kay & Fillmore 1999:2),而语式是构式真实的物理实现。语式是示例语篇中构式的语符(utterance-token),包括词、短语、句子。也就是说,构式是对语式的概括。保留构式与语式的区别等于肯定了构式在历时转变中的作用。具体地说,表达式中的一系列部分变化,可能会形成新的构式,或产生对已有构式的重构。但是,变化本身源自真实的话语(即语式),而不是构式自身。

(5) 历时分析重在研究范畴性(categoriality)问题。由于 CxG 没有认定词汇和语法在范畴上的区分,因此,构式语法具有灵活性,能顺应语言范畴化中普遍存在的渐进性。范畴性在确定语法化和词汇化之间的边界问题方面显得尤为重要。CxG 的概念基础与架构并不要求确定任何任意的边界,因而允许范畴的不完整性(underspecification)或不确定性(indeterminacy)。

(二) 语法化过程中的构式化

上述构式特征及其与语法化的关系表明,语法化和构式语法之间还有一些问题需要解决。Fried(2013)认为,语法化过程可以准确地概括为"构式化"的实例。具体地说,语法化过程会产生以下情况:第一,从之前独立的材料中浮现新的语法模式(构式);第二,对现有构式的重构,从而使该模式的意义变得更为模糊。催生演变产生的语法化过程总是和一个特定的局部语境(local context)有关。局部语境具有汇合语义、语用、组合各种要素的特点。这些要素共同促进意义的改变及其随之而来的规约化。

语法化过程的以上两种情况,分别从外部和内部概括了构式方法的优点，说明构式方法的目的在于揭示语法化的真正本质。构式分析的明显优势在于：构式分析与演变"整体性"有关，即从整体的角度观察语法化发生的演变。"构式作为一个整体使意义发生变化"（Croft 2001：261）。这一主张强调了语法化的组合性本质（syntagmatic nature）和合成性磨蚀（the erosion of compositionality）。合成性磨蚀是意义整体变化过程中的一个副产品，也是构式的一个明显特征。

英语中 be going to 发展成为将来时标记就是语法化的一个经典例子。整体法（holistic approach）强调，在演变的最后阶段，移动动词发展成为一种与[BE going to V_{inf}]句法复杂形式相关的特别的语法意义。[BE going to V_{inf}]能够解释该复杂形式是一个语法构式：该复杂形式既是若干要素的规约性组合，又是用于表达特定意义的整体组合；意义的预测并非该构式组成成分内在意义或功能的简单叠加。[BE going to V_{inf}]置身于构式图式性连续统中间的某个部位：该构式部分由词汇填充（BE, going 及 to），但该构式的开放槽位（BE 动词人称/时态/体的形式及不定式补足语的动词）则为构式提供了充分的能产性。

关注整体也是产生"构式属于演变领域"这一假设的原因，因为意义变化并非只是一个词项，而是整个构式。

但是，由于单纯从构式整体层面进行分析，对于部分变化及高度局部变化来说过于宽泛，对渐进性的概括也过于抽象，因此，过程取向（process-oriented）逐渐成为从构式的角度分析语法化的重要手段。

过程取向包括以下三个方面的内容。

第一，过程取向首先涉及部分变化的一个非正式图式化。比如，在英语 be going to 变化中，受影响的特征涉及两个子类，一个是内部特征，另一个是外部特征。外部特征是关于语境的，即限制词项与环境的关系；内部特征是关于动词 GO 本身的，即词项的内部特征。

第二，过程取向与演变相关的两个条件：一个是线性化模式，即动词 GO 后面必须紧跟由表示目的的 to V 补语；另一个是原本可能与移动动词有关的方向补语的缺失。这两个条件都与语境中特定的用法有关。

第三，英语 be going to 中的图式化细节，能够提供过程取向中演变的相关细节。图式化的细节可以观察构式的某些特征是如何逐渐从原有的详述中分离出去的，并在过程结束时观察到构式的重组。整个演变过程由许多具体的、细小的变化组成。这些变化既影响形式本身(即动词 GO)，又影响动词 GO 与即时组合语境的关系。这种重组的模型呈现以下趋势：由外向内转变→将来演变。就是说，演变过程起始于语境(外在)层面，将后来取向推理(later-oriented inference)作为语用条件，然后向 be going to 形式本身所具有的语义特征发展。也就是说，向表示该语义特征的内部标记——将来移动方向发展。中间过渡阶段既有可能呈现内部特征，也有可能呈现外部特征。

语言演变的过程是复杂的。如果要对这种复杂的全部过程建模，并且解释其过程，仅仅从构式整体的角度看待意义的改变还是不够的。事实上，正是不同特征的各个子类之间的相互影响，形式的改变才有可能在实际语符(即语式)中碰巧发生，并通过语式中可用的、突显的推理，产生具有自身意义的新模式。

所谓以过程为导向的分析(process-oriented analysis)，就是说，当新的意义开始出现，或者当此意义完全规约化时，原义并不一定消失。这就导致了反映意义共存的多重网络(polyfunctional network)的形成。

这种类型的语法化是基于特征的(feature-based)概念化，其动因受部分转变的驱动，因而构式或整体性在概念化过程中起到了某些重要的作用。但是，这种基于特征的语法化的概念化要求检测构式的内部构造，同时为了承认局部语境及与词汇有关的子类的作用，搭配组合更加综合的中间阶段在规约化的过程中就获得了举足轻重的地位。也就是说，在语法化过程中，我们不仅要关注构式的整体变化，更要关注用法的细节。因为用法细节能够解释新意义(及构式)如何在交流中出现、解释产生演变的动因等问题。因此，将历时过程看成是构式化的例子能够更加准确反映这样的事实：语法化过程的结果是新语法片段的构式，而不是词项获得新的语法地位。另外，构式化还能够解释表面看似相同的词串是如何从合成义向非合成义发生转变的。

总而言之，结合构式外部（整体）和内部的各个维度，能够准确获取新语法单位形成的历时过程。将整体法拆包，将整个过程概念化为发展过程，是语法化历时研究的必然趋势。具体的拆包过程包括：一个词项（词汇或语法上）的意义 X 转变成更大语境 C 下的意义/功能。以此，整体取向和过程取向的分析不仅可以相互补充，而且在语法演变的描写和解释中都能发挥同等重要的作用。

3.2.2 ▶ （历时）运作中的构式

构式方法在语法化中的作用既强调整体性，又强调图式性的细节。接下来继续介绍 CxG 如何用于分析特定的历时过程，进而说明：第一，探究构式内部从而确定演变的机制；第二，使用图式概念方法进而阐释语法演变渐进性及类比的本质；第三，通过构式地图（constructional map）概念建立跨语法发展各阶段的分析方法。

例如，英语屈折形式在合成性形态语义结构中存在磨蚀现象。当此类屈折形式进入现有句法构式时，常伴有句法自由和再范畴化成分的丢失。这类发展大体经历了分词＞形容词的发展路径。这种发展是一种跨越派生/屈折的词汇-语法演变，并且这种演变的路径比 be going to 更不明确。相对局部环境而言，屈折形式的演变并不只是一个词项意义的变化。在这里，词项本身的形态很复杂，而且变化的是词项的内部结构，连同其（外部）范畴地位和句法表现。屈折形式的变化与语法化一样都可以被看成是构式化的一个例子，即新构式是浮现的，是从语句的句法、形态、语义特征的组合中浮现出来的。这种浮现进一步反映了构式在演变中的作用。

（一）把握演变过程中的构式

Fried（2013）以古捷克语为例，对演变中的构式进行了分析说明。古捷克语中，"长"分词（"long" participle）是一种图式形态构式

(schematic morphological construction)。"长"分词的组成成分是语素,每个语素都能构成一定的语义内容。例①是"长"分词的构式模板:PAP 代表"当前活跃的分词",添加在分词上的 CNG 代表格-数-性混合后缀;整个形式依据形态样式,由"分词形容词"(PA)表示。

① $[[[Vroot—pres.\ stem]—ppl]_{PAP}—CNG]_{PA}$ "(the one) V-ing"
　　如:$[[[chod—ie]—c]—í]_{PA}$ "(the one) walking"

例①是一种范畴杂合体(categorical hybrid)。从内部结构看,例①将现在时与(主动)语态标注为现在时词干的一部分(与过去时和被动语态词干相反),保留了动词的本源。词根也表现出价特征(valence property),在句法和语义上都有表现:表达完整的命题、预期 NP 在限定小句中作为主语出现,并在标注非主语论元时保留动词管辖。从外部看,PA 在范畴上是不确定的。CNG 后缀在形式上是形容词,但是当 PA 在表达预测、修饰和表示行动者-名词指称(actor-noun reference)范围扩展时,明显表现出功能可变这一特点。尽管如此,随着时间的推移,Pas 通过语境激发而规约化,其范畴地位也随之得以固化。

例①展示了谓语>定语的发展,阐述了该构式的动态演变:从事件-侧显(event-profiling)向不太清晰的参与者-侧显(participant-profiling)发展的阶段。如果仅从构式发展的整体观察,认为构式(如 PA)由谓语转变为定语(attribute),再转化其功能,那么就不太容易解释构式发展在功能和语义上的区别。但是,如果只是关注 PA 自身的内部结构,不考虑外部语境,那么也很难形成这一发展。这是因为该构式的形式范畴还不确定,功能和意义的确定也需要依赖于局部环境,因此,单纯依赖内部结构不足以说明各个发展阶段之间的关系。如果要解释该构式向定语性(attributiveness)方向发展,或者是向成熟的形容词方向发展,这就需要追踪形式之外的两个重要因素:PA 主语的生命度和 PA 发生的线性模式。

另外,过渡语境(transitional context)特征中的任何条件子项都有一个重要的潜质,能够触发新的解释与概念化(见例②a—d)。

② a. 结构性:PA 毗邻性与其主语
   b. 语义性:概括、分类
   c. 语用性:有生命性主语 NP 具有较低的指向力
   d. 文本性:描述性或叙事性文本

这一发展可以被看成是构式化的又一个例子。因为这既是 PA 自身层面的发展(形态构式通过对特征的重新组织而改变其意义/功能),又是句法层面的发展(在模拟构式中关注特定的槽位)。合起来考虑,这一过程针对范畴中所有的成员,目的在于确立句法上约束、语义上概括的范畴,以及功能上流畅的、依赖语境的词语形式。

构式分析的细节也可以在不同阶段形成一种非线性关系网络。这种关系网络便是构式图(constructional map)。构式图以应用于构式表征中的各种特征为基础,反映构式特征与网络各成员间的共享关系。构式图可以准确观察构式内部与构式外部特征之间的矛盾,观察这种冲突产生的等级关系。构式图通常与外部驱动的类比适应相对。内部特征在构式图中具有后拉力的效果。

(二) 作为演变域的构式及构式化的关键成分

在历时运作中,构式充当了演变域的作用,构式化是其关键特征。那么构式化到底有哪些关键特征呢?Fried(2013)通过对古捷克语 PA 演变的触发因素和整体分析,以及与英语中 be going to 构式的比较,对构式化的关键成分进行了归纳总结:(1)一种形式可在话语中找到自身的临近区域(即上下文语境);(2)吸引并通过类比方式对另一个已存在的模式做部分调整;(3)由原义造成的后拉力。

特征(2)与新推理效用解释有关。特征(3)中的因素不仅作用于形成一词多义,使旧意义得以保持,而且限制演变实际完成的程度。特征(3)的后拉力是一种相对力,是在演变中出现的众多问题之一,值得更多的关注和更深入的研究。

为了深入了解语法构式所能扮演的角色,需要仔细观察构式在演变领域中的情况。某一形态的具体语式(C1、C2、C3、C4)导致构式 X

的建立,同时 X 又常常受到另一种独立存在而又有些类似的构式 Y 的帮助。换句话说,语句中各成分的组合可独自成为单位。在此之前,这个独立的单位并不存在,也不可预知其意义/功能。该构式单位的原创(触发性)组合,通常是句法片段的相对自由排列,而不一定是现有构式的实例。因此,就演变域而言,我们需要从两方面理解构式概念:第一,作为类比动因(analogical motivation)的来源;第二,作为语法化过程的终点。构式是演变的起点,但演变的开端只与语式建立联系,而不是构式。

构式在上述两个层面上同时参与演变。从构式的角度所提供的历时分析,可以利用系统分析构式内部特征的能力。同时,参照构式的外部特征不能局限于确立构式的意义,而要为形式和使用语境之间的变化关系,提供一条追踪的路径。语境既可以依据组合关系/结构组织来理解,也可以依据语用偏向(pragmatic preference)和限制来理解,不管这些语用偏向和限制是关于话语组织、言语行为功能、互动特征,还是其他语用问题。当然,尽管语用触发并不局限于这些,但在追踪语用化(pragmaticization)例子的过程中,这些因素的作用是十分明显的。具体地说,需要在构式的重组上找到涉及语用关系的演变。

另外,不同的发展阶段,或者说是与不同变体共存的共时多义性阶段,可跟构式图相匹配,这种观点似乎在概念上很接近基于文化的进化语言学。基于文化的进化语言学的中心问题是理解进化背后的过程及语法系统经常性的(重新)排列。尽管进化过程和语法系统排列并不总是完全的,但能够在言语群体的各个成员间实现共享。构式图是极好的承载工具,既可以解决相邻语言范畴的流动边界问题,还可以通过展示新的语法发展模式的限制方式,组织构式的特征,从而进一步说明自我组织的过程与语法系统重排的选择。显然,并不是所有的特征都能平等地参与复杂的历时演变,一些特征表现出对演变的抵制,一些做好了准备随时参与演变,还有一些则参与促成演变的发生。

3.2.3 ▶ 构式演变的原理

在语法化研究中,构式分析是必不可少的。Fried(2013)进一步阐述了语法化研究和构式分析的整合观点,指出如果研究目标是揭示演变的动因,那么语法化研究和构式分析的整合就非常具有生命力。首先,构式方式有利于把握语法结构的浮现,构式方法超越了共时阶段对具体现象的简单对比,同时又能在具体层面上确定历时关系的不足。其次,CxG 是一种有用的工具,可以用于分析和表达语言使用和语言演变的直接关系,这是语法化过程的必要条件。由演变动因和部分变化匹配产生的复杂网络,会逐渐形成可观察的演变。将演变的形式与用法环境联系起来研究是实现上述任务的方法论要求。

CxG 的概念基础与功能导向的历时分析这一目标相适应,主要由于 CxG 有以下几个特征:

(1) 允许构式保留(至少一定程度的)内部复杂性,而不考虑其非组合的意义/功能;

(2) 综合在限制某一形式更大结构中的表现;

(3) 允许任何表征层面的不完整性,因此在确认语言及梯度范畴性过程中,容许对表面冲突进行调节;

(4) 将构式视为多层面的功能原型,通过实际交流中的新用法,这些原型可以扩展,其形式可以商榷;

(5) 如果有数据支撑,则可以将反复出现的语用特征和语境约束综合起来。

CxG 的这些特征有利于演变渐进性的概念化,因此,过程的复杂性和系统性在演变中同等重要。过程的复杂性有利于解释以下几个方面的内容:

(1) 变化和演变具有按特征逐个增加的特点;

(2) 部分转变与更大范围的历时变化在不同层面进行;

(3) 图式性语法模式和填充图式的词汇之间允许存在误配;

(4) 语用和语义触发语在解释新现象中的作用。

可见，构式演变的原理是建立在 CxG 对说者语法知识认识的基础之上的。CxG 将语法知识视为理解模式规约化的结果，而这种规约化是渐进性的。形态-语义结构、句法功能、交流功能和词汇意义构成一个综合的整体，语言演变可包含这些方面的任何子项。综合的特征与细节及其在新语言结构中的浮现，是构式历时研究的新方法。

3.3 构式化与构式演变

共时构式语法认为，在构式主义模型中的语言是由形式-意义配对（构式）组成，并以网络的方式得以组织。Elizabeth Closs Traugott & Graeme Trousdale(2013)在《构式化与构式演变》一书中，接受了共时构式主义思想，并将共时构式语法思想应用于语言的历时演变研究中，提出了如何在语言系统中解释演变的问题。同时，该书还依据 Langacker (1987)有关"规约的象征单位"（构式）的观点，努力寻找方法，探讨构式中演变的产生及演变的本质。该书从基于用法的构式语法观、语法构式化、词汇构式化及构式化语境等方面阐释了基于用法的构式主义方法与语言演变的关系。下面，我们对该书的主要内容做简要介绍，并参阅李健雪、王焱(2015)对该书所做的书评。

3.3.1 ▶ 构式演变和构式化

基于用法的构式语法观认为，构式是规约的，因为构式是全体讲话者所共有的。构式是象征的，因为构式是符号，是形式和意义之间的任意联想。构式是单位，因为符号的某些方面是异质的（Goldberg 1995），并且某些符号频率非常高（Goldberg 2006），以至于该符号作为形式-意义配对被固化在语言使用者的脑海里。该书对构式的理解主要出于以下考虑。

第一，接受语言符号系统的思想，作者将构式理解为规约化的形-义配对：[[F]↔[M]]。这里的形式（F）指句法、形态和语音，意义（M）包括语篇、语义、语用等多个层面。第二，接受构式语法关于"语言知识反映构式网络"的观点,作者认为构式是一个网络,存在从词汇/内容到语法/程序的梯度。因此,构式不仅具有大小、特性和概念三个维度,而且具有图式性、生成性和合成性三个特点。从大小上看,构式有原子构式、复杂构式和中间构式这三种。从特性上看,构式包括实体构式、图式构式和中间构式三种不同的类别。从概念上看,构式包括更靠近词汇的内容构式、更靠近语法的程序构式和处在词汇构式和语法构式之间的中间构式三种不同类型的构式概念。同时,无论是内容构式还是程序构式,无论是原子构式还是复杂构式,无论是实体构式还是图式构式,都具有抽象的图式特点,都具有一定的能产性和语义合成/非合成的特点。第三,接受"语言既具结构性,又具可变性"的观点,作者提出了构式演变观。构式演变观聚焦构式化,认为语言演变既包含"构式内部维度变化",即构式演变,又包含经过系列微步构式变化后所产生的新的"形$_{新}$-义$_{新}$符号(组合)",即构式化。Traugott & Trousdale(2013:1)对这两种类型的变化给出了具体的定义:

> 构式演变是指影响现有构式特征的变化,如语义变化(will-"意图">将来)、形态音位变化(will>'ll)、搭配限制(比如 way 构式的扩展,进而包括指伴随创设路径行为的动词,如 whistle one's way home)等。这些变化不一定会产生新的构式,因此该类变化被称为"构式演变"。
>
> 构式化是指产生新的形$_{新}$-义$_{新}$配对的那种变化类型。

基于以上认识,Traugott & Trousdale(2013)提出了基于用法的符号演变方法。他们详细阐释了基于用法的模型,分析了构式网络观在解释语言变化中的作用,并直观展示了构式网络成长和收缩的过程。其中,创新和变化是理解用法模型的两个重要概念。创新与个人知识有关,而变化则是语言规约化的实现路径。他们认为,构式是一个由节点和联结组成的有生命的网络体。网络生命体的成长与节点间的联结有关。构式网络的成长可超越承继联结,延伸至关系联结,也可延伸至任何构式类型(即形式或意义为群体所共享的成分)。构式变化涉及网络节点上的新联结,而不是网络中的新节点。也就是说,网络节点和联结的产生与系列微步(micro-step)作用下的构式化有关。这些微步包括:初始步→构式化可能步→构式化发生步→后构式化步。

在此基础上,他们主要分析了构式变化的两种构式化类型:具有程序(procedural)功能的语法构式化和具有实义(contentful)功能的词汇构式化。他们希望借鉴传统的语法化和词汇化研究,探讨语法-词汇梯度两端的构式变化情况。

3.3.2 ▶ 语法构式化和词汇构式化

(一)语法构式化

语法构式化是指(大多数)具有程序功能的新的形$_{新}$-义$_{新}$符号在经历了系列微步变化之后的发展。语法构式化涉及以下几个基本概念。

(1)语法概念。依据构式语法的观点,语法是指语言知识系统,不仅包括形态句法、语义和语音,还包括语用和话语功能。这就意味着作为语法构式化或程序构式化实例的构式,其范围是非常广泛的。

(2)构式化和构式演变的区别。这两者之间的区别,实际上是指构式化步骤和构式化后步骤的区别。构式化步骤,也称"前构式化"步骤;构式化后步骤,也称"后构式化"步骤,即构式演变。区分构式化与构式演变的目的,在于从基于用法的构式语法的角度,理解词汇构式化和语法构式化问题,而不局限于语法化范畴之内。

(3)渐变性概念及其与梯度的交织。基于用法的构式语法认为,构式化网络是非模块的。网络中的每一个节点都是一个复杂的形式-意义的结构。在微观层面上,某些构式具有内容的性质,一般指词汇,是对现实世界中的实体和情景的描写。其他构式主要是语法性质的,而不是子网络,因为这些构式是语法中的体和重复(aspect and iterative)现象,是动词连续变化的结果。这些语法性质的构式,涉及的范围很广,从格标记、时、体、态,到信息结构(话题和焦点)标记及说者话语的态度标记(语用标记、评论小句)都包括在内。

可见,由于构式的渐变性及构式梯度的交织发展,构式网络中存在着从内容/词汇到程序/语法的等级梯度。名词、动词、形容词处于内容极;抽象标记,如语气或话题,处于程序极。由于构式随着时间的发展而发生变化,尤其是当词汇项目在某些语境中被用来充当语法目的时,有些原本处在典型范畴中的实例,经历着去范畴化(decategorialization)的过程,进而失去某些典型的特征。

在构式变化过程中,通常只有一个特征同时发生变化。这就意味着构式变化的步骤是非常小的,也是非常离散的。变化中连续离散的小步是渐变性的重要内容。渐变性(gradualness)是指一种变化现象,具体指离散结构的微小变化及跨语言系统中的微小变化。(Traugott & Trousdale 2013:74)从共时层面上讲,渐变呈现出小规模变异,而梯度则反映共时变异的变化。(Traugott & Trousdale 2013:75)也就是说,构式网络中的变化,既有系列变化中的偶发现象,也有大步变化中的突变。从这层意义上来说,渐变性和梯度之间存在交替现象。

据此,Traugott & Trousdale(2013)概括出语法构式化的 7 个特点:

(1)语法构式化是指通过系列微步变化而产生的、具有程序功能的新的形$_{新}$-义$_{新}$配对,语法符号提示说者如何概念化小句内指称对象之间的关系,同时也提示受话人如何解释这些小句。

(2)构式主义视角既支持语法化的扩展模型(GE),同时又与语法化缩减和扩展依附模型(GT)兼容。这是因为语法构式化既涉及构式类型的扩展和使用范围,又涉及组块和形式的固化。扩展是由于重复和组块而导致磨蚀的必然结果。

(3)扩展和缩减相互交织,如销蚀(bleaching),即词汇意义的丢失,可导致扩展的使用,这反过来又伴随着符号的缩减。语法构式化仅存在部分方向性,因为扩展以后,构式存在边缘化和过时废弃的可能。

(4) 语法构式化是演变的结果，而不是过程。也就是说，语法构式化虽然经历系列微步的变化，但更强调演变产生的后果。

(5) 去语法化，即依据语法化的 GR 方法，从构式主义的角度重新思考语法化。比如，在特定的情况下，去屈折化（deinflectionalization）可以被看成是一种图式性扩展。

(6) 类比思维是能产性和图式性增长的一个重要因素。类比化（analogization）能够对新的微观构式如何进入（子）图式做出解释。

(7) 由于构式方法将形式和意义的不同方面看成是构式特征的不同分布，因此，构式方法能够促使形式和意义这两个维度，在构式的创新和后续的历时发展中转换自己的角色。

显然，语法构式化模型能够有效解决传统语法化研究在方法（即消减和扩展）和方向性及方向性程度等方面的问题。因此，语法消减和扩展是相互交织的。也就是说，语法化产生之时，正是新的语法形$_{新}$-义$_{新}$配对发生之时。另外，扩展与语法构式化的能产性和图式性有关，而消减则与合成性相关。具体地说，反映构式程序功能的图式性越典型、越具有能产性，就越不具有合成性。

（二）词汇构式化

词汇构式化是指语义极联结具体语义，形式极联结 N、V 或 ADJ 等范畴的新形$_{新}$-义$_{新}$符号的发展。（Traugott & Trousdale 2013：149）语言演变的构式方法促使研究者依据图式构式化和实体构式化，重新思考语法构式和词汇构式的发展。构式化的结果是语言网络中心节点的产生，即向连续统上内容端或程序端发展。也就是说，语言网络中词汇-语法连续统上更靠近内容端的新节点，被看成是词汇构式化的产出；更靠近程序端的新节点，被看成是词法构式化的产出。词汇构式化关注新的形$_{新}$-义$_{新}$符号的发展，即新符号中的意义极主要与具体的词汇意义相关联，而形式极主要与范畴（如 N、V 或 ADJ）相关联。

语法构式化呈现能产性和图式性的增长、合成性的下降。词汇构式化在能产性、图式性和合成性三个方面都呈下降趋势。词汇构式化既涉及(子)图式的渐变构式化,也涉及新的微节点(micro-mode)的形成。一旦一个(子)图式建立起来,不管是新的构词、雪克隆(snowclone),还是截短词(clipping)、首字母缩略词(acronym),都呈渐变趋势。Traugott & Trousdale(2013:192)概括了渐变词汇构式化的主要内容。

(1) 词汇构式化具有三种类型:①新的复杂的微构式的发展是渐变的,但同时可以临时进入一个图式;②复杂图式和(子)图式的变化是通过一系列的构式变化产生的;③原子型微构式(atomic micro-construction)是通过系列构式化变化从复杂的微构式中发展而来的。这一过程也是渐变的。

(2) 新的复杂的(子)构式化的词汇化是渐进的,涉及一段时间的发展,即能产性的增长。在很多情况下,这与宿主类扩展(host-class expansion)类似,但在构成方面,宿主类在句法上非常有限,仅指词干。在语义上,宿主类通常在网络中联系紧密。

(3) 有些复杂的词汇图式能持续很长一段时间,能产性变化程度不同。比如-hood 的能产性强,而-dom 的能产性弱。但也有可能发展没有多久,图式就消失了,有时会出现与其他图式合并的现象。

(4) 缩减是渐变的,不管是一个形式的废弃,还是微构式内部变化(如 kindred)。原子词汇构式可以作为原先(部分)能产图式的残留(如 maidenhead, hatred, garlic),或者作为图式的复合词的残留(如 werewolf)。

除了上述(1)中的临时变化外,上述因素基本上与语法构式化中发现的变化相同。但是,丢失在词汇语法中出现的频率高于语法构式化,部分原因是词汇构式是指称性的。例如,名词构式(nominal construction),受接触、意识形态变化等社会因素的影响,丢失现象要大于抽象语法构式。

词汇构式化方法能够有效解决传统历时词汇化研究在语法和词汇材料(离散还是统一)方面的分歧。首先,词汇构式化中的词汇处于特定的概念网络中,并且存在构词图式和语法图式的不同。其次,除了方向性的预测能力较弱外,词汇构式化也有梯度,也涉及扩展和图式性。词汇构式化和语法构式化的异同,见表3.1。

表3.1 词汇构式化和语法构式化的异同

	词汇构式化	语法构式化
图式性	图式发展:增长 图式丢失:下降	增长
能产性	图式发展:增长 图式丢失:下降	增长
合成性	下降	下降

(参见 Traugott & Trousdale 2013:139)

表3.1显示,词汇构式化和语法构式化在图式性、能产性和合成性方面存在共性和差异性。语法构式化在图式性、能产性方面呈增长趋势,在合成性方面呈下降趋势;而词汇构式化在这三个方面都呈下降趋势。这说明词汇构式演变主要是渐进的,只有少数微观构式具有瞬间构式化特点。这也是词汇构式化被称为渐进词汇构式化的原因所在。

3.3.3 ▶ 构式化语境

语境是构式语法和语法化研究中不可回避的概念。一般说来,语境可以指话语-功能、语用或语义及形式方面的信息。语境也可以指上下文。就构式化与语境的关系而言,语境涉及以下三个因素(Traugott & Trousdale 2013:197):

(1) 言语和书写的线性流(组合轴、组合关系和索引);
(2) 可以进行的选择(相似性轴、选择、聚合性和象似性);
(3) 影响语言网络中节点和联结的系统变化。

基于上述因素,Traugott & Trousdale(2013)围绕促进构式化渐变的因素,依据语法化分析方法,建立了由前构式化语境因素和后构式化语境因素组成的构式化语境框架。前构式化语境涉及新构式产生的三个步骤,即新构式浮现的起始语境、语用诱发推理(尤其是语用歧义)对起始语境进行的形态句法微调、系列微调所产生的共时梯度。后构式化语境涉及三种思路:渐进扩展及类比化、持久性和压制。构式化语境既可以出现在词汇层面,也可以出现在图式层面。构式化语境可以用来分析构词图式、双名量词、形容词类转为量词、表示将来的 be going to、雪克隆槽位句式(not the ADJest in the N_2)及假分裂句的产生与发展情况。语境和语言演变的关系至关重要,而且在一定程度上反映了基于用法的构式语法的基本思想。构式化和构式演变中语境的关系如下:

(1) 在构式演变中,语境是至关重要的因素。

(2) 构式化前的语境和构式化后的语境有不同的作用。语用语境和形态句法语境的重复涉及构式演变,导致语境和语法化的转变/隔离,即新的形$_新$-义$_新$的构式。

(3) 就新的语法微构式而言,构式化之前的语用模拟(pragmatic modulation)和使用在偏爱的临界形态句法(critical morphosyntactic)语境中发生。后构式化(post-constructionalization),部分由于各种不同类型的语境扩展,部分由于变成更大的图式成员,新的微构式往往得到加强并部分具体化。语境扩展的类型是指扩展的搭配(宿主类扩展)及扩展的句法分布。缩减伴随着常规化和频繁的使用而发生,尤其是在非正式和口语语域中发生。

(4) 就新的词汇图式构式而言,构式化前语境可以理解为局部网络语境。前构式化常常与体裁或文本类型相关联。后构式化新的类型是在图式模板上形成的。这些模板由于常规化和竞争的原因,可能产生结构上的缩减,也可能出现微构式和图式都废弃的情况。

(5) 网络中相似的意义和形式构式,可能是重要的语境因素,可以充当模型或吸引子(attractor)。

(6) 语言中造成系统变化的语境是一个重要的因素。

(7) 临界语境在特定的词项层面或在图式层面可以持续。这种持续可以是结构上的,也可以是语义上的。

总之,语境中的变化需要依据原始语式的意义和形式进行理解。

也就是说,语境中的变化需要从更广泛的变化中去理解,包括使用该构式的语式、承继图式构式所偏爱的特征、(子)图式网络中的变化等。

总之,《构式化与构式演变》一书的主要贡献在于建立了基于用法的构式演变模型。认知构式语法的语言符号观认为,形式和意义之间不仅存在任意联想关系,而且也存在强化关系。该书从语言符号系统出发,融合认知构式语法和激进构式语法的思想,采取了基于用法的方法,建立了基于用法的构式演变模型。该模式以语言作为整体网络为假设,以网络生命性为隐喻,考察网络延展的疆域、网络成分展开的距离远近及新的网络节点和联结的产生方式。该模型不仅能够对网络节点间的联结及联结关系的变化(构式演变)做出描写,也能对由联结变化造成新节点的产生(构式化)做出解释,进而对整个语言网络的演变(语言渐变的本质)提供系统的描写、解释和说明。同时,该模式也得到了该书所提供的历时分析和历时证据的验证。更为重要的是,该模型强调形式和意义并重,进而有效解决先前语言演变理论形式、意义偏重所带来的问题,为语言演变研究提供了和谐、动态的网络化环境和新的研究思路。

第四章　基于用法的构式研究：方法

在基于用法的构式语法中，语言的习得、表征和加工都由用法塑型。在方法论上，基于用法的视角需要明确关注真实语言数据（理想的具有代表性的样本）。因此，基于用法的构式语法反映了语言学中普遍的实证研究转向（the general empirical turn）。在实证研究中，数据的收集和分析方法对研究的信度和效度起着至关重要的作用。依据现行构式语法研究的特点，我们重点介绍构式语法中的数据、构式搭配分析方法及基于语料库的构式演变方法，内容来源于《牛津构式语法手册》中 Stefan Th. Gries(2013)的《构式语法中的数据》、Anatol Stefanowitsch(2013) 的《构式搭配分析方法》和 Martin Hilpert(2013b)的《基于语料库的构式演变方法》。

4.1 数据和方法论

本节的内容和观点来自《牛津构式语法手册》中 Gries 的《构式语法中的数据》一文。构式主义方法中所使用的数据及数据类型，在一定程度上反映了基于用法的构式语法的方法论问题。下面介绍这个方面的观点。

4.1.1 ▶ 数据连续统

基于用法的构式语法理论共享认知语言学理论的大部分假设。比如，语义范畴在认知语言学中被描述为辐射范畴：范畴成员或许并不直接相关，而是通过家族相似性联系在一起。接受认知语义学的观点，Goldberg(1995,2006)的认知构式语法及 Croft(2001)的激进构式语法也认为，构式语法的不同实例之间同样也构成一个辐射范畴，并且词汇和语法构成了一个连续统，意义是该连续统的核心。认知语言学的认知承诺强调，在描述语言一般原则特性时需要考虑来自其他领域已知的、有关思维和大脑的情况。由于需要调用大量来自不同领域的数据和方法，因此，基于用法的构式语法在方法论上也是最多元化的领域之一。

通常，语言数据可以分为自省数据、观察数据和实验数据三种类型。其中，自省数据来自说者的第二层次注意（second-level attention）或第二层次意识（second-level consciousness）；观察数据来自录音或在有噪音的自然环境下组成的语料库数据；实验数据来自被试在设计好的、有控制的实验情景中的表现。这个数据分类尽管得到了广泛使用，但还是不免有点简单，不能真正反映数据类型的本质。数据之间并不是绝然分开的，而是有机地联系在一起的，就像词汇和语法那样是一个连续统。据此，Gries(2013)概括总结了连续统数据的多个不同维度。

维度1：被试感知（实验）环境的自然程度如何？

（1）最自然，例如，彼此熟识的被试在没有提示的真实对话语境中互相交谈；

（2）中等自然，例如，说者描述实验者交给他的图片；

（3）最不自然，例如，说者躺在 fMRI 装置中，按下三个按键中的一个，对数码呈现的黑白图片刺激物做出回答并接受脑部活动扫描。

维度2：被试对什么（语言）刺激物做出反应？

（1）最自然，例如，给说者呈现的是真实对话中自然的话语和话论转换；

（2）中等自然，例如，实验者在一项联想任务中向说者呈现孤立的词；

（3）最不自然，例如，呈现给说者的是孤立的元音音素。

维度3：被试产出什么（语言）单位？有什么反应？

（1）最自然，例如，受试对问题做出自然的不受限制的回答；

（2）中等自然，例如，说者对一个定义用独立的词作答；

（3）最不自然，例如，说者用语境以外的一个音作答。

例如，被试坐在安装了眼动追踪仪的电脑屏幕前，在听觉方面给被试听一个词，视觉方面给被试看两张图片，其中一张图片展示反应与听觉识别有关的单词实例，被试通过说"是"或者"不是"来回答是否看到了该词所指的实例。这种情况可以分为以下几种类别：

1) 相当不自然的实验环境：坐在眼动追踪仪前；
2) 中等自然的刺激物：孤立的词和图片输入；
3) 中等自然的回答：孤立的"是"或者"不是"。

再举一个例子，分析在来自真实对话的语料库数据中 there- 构式，这种情况可以分为以下几种情况：

1) 非常自然的（实验）环境：真实的对话；
2) 非常自然的刺激物：前一个话轮；
3) 非常自然的回答：说话人的（作答）话轮。

上述基于三个维度的数据分类，以被试的感知与反应作为数据的来源，形成被试对环境的感知→被试对刺激物的反应→被试产出的单位/反应三个层次的连续统。另外，每一个层次（维度）下面都设有三个梯度等级，形成最自然→中等自然→最不自然的级阶。

尽管上述基于三个维度六个端点的数据分类和方法并不能穷尽语言研究中的数据类型，但该分类模式或许为语言学尤其是构式语法的大部分实证方法，提供了一个有价值的分类。该数据连续统模型不仅能够有效说明不同的方法如何产生不同的数据，而且能够解释这些数据又是如何促进构式语法不同子域或应用领域的发展。

在构式语法早期（自20世纪80年代末开始），构式研究都基于在不同情况或语境中能说什么、不能说什么的内省判断，很少参考真实的/自然的例子。即使研究者使用了"数据"一词，其数据也仅仅指内省判断和/或例句。

之后不久，研究者发现，来自实际使用或心理语言学实验的证据有利于研究心理表征，因此，各种不同的方法便开始运用到构式研究中。具体地说，随后的构式语法研究逐渐摈弃了内省判断，转而接受其他数据，即观察数据和实验数据。

4.1.2 ▶ 观察法

多年来,以语料库数据形式出现的观察数据,在构式语法的研究中发挥了非常重要的作用。语料库数据在语言学数据的三个维度(见4.1.1)上差别不大。在构式语法中,基于语料库的研究使用了很多不同种类的语料库或文本数据库。现有观察法研究主要包括语言、语域、方言和语料库等几个方面。

尽管大部分语料库研究的数据来自每一个维度上最自然的一端,但是,在如何使用语料库数据方面仍有相当大的差异。由于语料库数据只能提供(共现)频率,因此,语料库研究通常采用定量方法,并将其应用于构式语法研究的不同领域。基于语料库的观察法主要涉及以下几点。

第一,(共现)频率。

使用语料库频率最简单的方法是:观察一个构式、一个构式的组合或者一个构式中特定的词汇项目能否被证实。这个方法尽管看起来并不是最完美的,却可能产生重要的影响,因为语料库能够提供反例,从而可能证伪迄今广泛认可的说法。例如,英语的双及物构式 V NP1 NP2 或许是迄今为止研究得最多的论元结构构式。论元结构构式常常会出现一些令人不解的词汇倾向(或偏向)。这些偏向主要是指出现在双及物构式槽位中不能与动词 donate 共现的词汇。然而,产生这种偏向的原因很可能是语言学家的个人判断。使用语料库的频率数据则有可能为这种认识提供相反的结论。

再如,通过观察语料库中论元结构构式中动词 zipfian 的分布,Goldberg(2006)发现,go,put 和 give 的高频率分别促进不及物-移动构式、致使移动构式和双及物构式的习得。

第二,(单向)条件概率。

统计观察的第二个方法涉及条件概率(conditional probability)的计算,或者以条件概率计算为基础的其他单向测量方法。这些方法也广泛应运用于 L1 习得和 L2/FLA 学习。关于前者,Goldberg、

Casenhiser & Sethuraman(2004)研究了构式作为句子意义的预测因子（predictor）的可靠性。他们提取了来自 CHILDES 数据库的 Bates 语料库中所有致使移动意义的实例，然后计算了 V-Obj-Loc 型式对于致使移动意义 p 的线索有效性（cue validity）（致使移动 | V-Obj-Loc）。他们发现了较高的线索有效性。这说明在构式语法解释中，V-Obj-Loc 型式对与之相联的意义来说是一个很好的线索。这一发现还有一个重要的启示：只有与动词对同一意义的线索有效性相比较时，V-Obj-Loc 型式对致使移动的线索有效性才会出现。因此，语料库数据说明了句法型式作为句子意义线索的可靠性几乎等同于动词对句子意义线索的可靠性。

关于后者，Ellis & Ferreira-Junior(2009)研究了 ESF 语料库中的非及物移动构式、致使移动构式和双及物构式，观察这些构式槽位中词的类符/形符比频率在 L2/FLA 中的效应。他们发现，在构式的每一个槽位中，先学到的类型，尤其是动词，对于各自的构式槽位来说非常重要。这个发现支持了这样一个观点：构式习得所依赖的因素比想象的要多得多。可见，虽然类符和形符频率的确扮演了重要的角色，但是频率分布、成分在所使用位置上的独特性及成分在多大程度上可以构成语块等因素，同样对二语习得研究起着重要的作用。

第三，（双向）关联强度。

构式搭配分析法是基于语料库的研究方法在构式语法中使用最广泛的方法之一。这是一个包含了若干个不同方法的家族。在 4.2 小节将专门对构式搭配分析法进行介绍。下面主要介绍一下构式搭配分析法的一些主张。

构式搭配分析法关注对联合强度的量化，这种量化是以来自语料库语言学的搭配分析方法为基础的一种计算双向联合程度的方法。

构式搭配法为构式空位中词和构式的相互吸引程度提供了排序，这种排序可以说明有关构式语义的一些问题。这种双向关联强度测量可以应用于不同的构式研究中，比如，英语迂回使役构式（periphrastic causative）的研究、go（and）V 和 go/come/try（and）V

构式的研究、shall 的动词补语的历时发展研究、日耳曼语中将来构式的历时发展研究等。构式搭配法还跟心理语言学有一定的联系。比如,在特定(论元结构)构式中已知的动词偏向(即动词的次范畴偏向)与语言处理高度相关。

第四,多因子和多变量方法。

语言的本质具有多面性。语言与认知加工有关,也与认知加工互动。由于语言的本质和语料库数据的性质一样都存在复杂性,因此,语言研究中重要的是如何对观察到的事实做出更公正、更客观的统计。常见的方法有两种。这两种方法不仅涉及多个因子/变量,而且与语料库数据和实验数据存在多种结合。

第一种方法涉及构式语法最早的一个概念——习语性。众所周知,习语性是一个令人困惑的多维概念,不仅很难进行操作,而且单凭内省方法将其排序也不容易。依据英语国家语料库中的实验数据,Wulff(2008)对 V-NP 习语的习语性进行了研究(参见 5.1)。具体研究方法包括:(1)量值估计(magnitude estimation),从被试那里收集判断习语性的数据。(2)使用搭配重叠(collocational overlap)和确定形式灵活性程度这两种不同的基于语料库的方法进行测量,使习语性的不同维度具有可操作性。(3)利用多变量(multivariate)和多因子(multifactorial)方法及多元回归方法(multiple regression),确定了哪些习语变异参数群集在一起,并且根据说者的判断验证这些群集的因子/丛。

第二种方法涉及识别构式的原型实例。Gries(2003)从 BNC 中提取了与格变换(dative alternation)的例子,并根据大量的形态、句法、语义和语篇-语用特征给这些例子进行编码。他利用线性判别分析法(linear discriminant analysis),判定哪些特征是语料库数据中构式选择的最佳预测因子。研究表明,在所有的构式选择中,大约89%可以被正确地分类(并且可以确定每一个变量的贡献程度)。更为重要的是,每一个实例都被赋予了一个判别值(discriminant score)。该值能够揭示双及物和介词与格例子的原型程度。Gries(2003)认为,这种基于语料库的多因子方法是一种有效且有用的工具,对习得研究或者变换研究提供了有益的帮助。

4.1.3 ▶ 实验法

除了基于语料库的方法外,构式语法研究还大量使用不同的实验方法。这里介绍的实验方法同样涉及多个数据维度和数据类型。

第一,最自然的实验环境。在所有维度上都属于最自然的实验方法是指对低龄孩子的研究。例如,Tomasello & Brooks(1998)在实验中向孩子(平均年龄两岁三个月)教授新动词,这些动词的一个意义/场景是及物的,另外一个意义/场景是不及物的。然后,他们通过说出"This is called meeking. Can you say meeking? Say meeking"的方法,或者在诱导任务(elicitation task)中提描述性的问题,鼓励孩子在构式中使用这些新动词。尽管这些任务在成人的环境中显得有点不自然,但用这样的话语对孩子进行交流就非常自然。这就是这种实验方法在所有的维度上都被归为自然的一类的原因。

第二,中等自然程度实验环境。构式语法研究中使用的另外一类实验方法是纸笔任务(paper-and-pencil task)。纸笔任务涉及中等程度不自然的实验环境,但根据刺激物的自然程度和被试的产出有所不同。如实验中的启动效应(priming effect)研究。启动研究不仅包括纯句法/结构的启动,还包括语义因素的影响或强化。比如,图片描述任务(picture-description task):被试在分别听到三个不同的启动句子之后,可以要求用双宾场景(ditransitive scenario)进行描述。

第三,不太自然的实验环境。在一些研究中,被试被要求做一些跟产出句子或完成句子相比不太自然的事,包括让被试填空或给句子分类。

还有一种实验方法,在实验环境和输入内容方面跟上面的填空和句子分类很相似,但要求被试产出比较不自然的回答。这种方法称为判断数据(judgement data)实验。

第四,最不自然的实验环境。如自定步速的阅读任务(self-paced

reading task),要求被试逐字阅读句子,并按键以便要求获得下一个词。因变量是从一个词开始呈现到要求获得下一个词的时间。

构式语法是一个在实证和方法论方面充满活力的领域。或许由于该领域与认知语言学及认知科学联系紧密,因而使用了各种数据和先进技术。

从事构式语法的研究者忠于认知承诺精神,已经使用了大量在很多邻近学科中被证明是有用的、能得出有益结论的数据和方法。认知语言学、心理语言学和语料库语言学的最新发展成果也越来越得到构式语法学家的关注,并从中获得方法论的启示。

|4.2| 构式搭配分析方法

在 4.1.2 中,我们介绍了 Gries(2013)对观察法的分类,其中提到了基于语料库的(双向)关联强度法,即所谓的"构式搭配分析法"。下面根据《牛津构式语法手册》中 Stefanowitsch(2013)的《构式搭配分析法》一文,对该方法做一简单介绍。

4.2.1 ▶ 简要介绍

构式搭配分析是定量语料库语言学方法家族中的一员,主要用于研究词与语法构式之间的关系。该方法由 Gries & Stefanowitsch (2004)共同研发,是基于搭配方法的延伸(其名称是搭配和构式的混成)。

基于搭配的方法是语料库语言学一直沿用的主要方法,但构式搭配分析方法与基于搭配的方法在某些方面存在差异。差异主要表现在构式搭配分析法主要是针对词汇-语法接口(lexis-grammar interface)所进行的理论驱动研究,强调严格的量化和推断统计,而基于搭配的分析方法则更多地强调词与词之间及词与句法的相伴关系,表达这种组合所产生的语义韵等现象。

构式搭配分析法认为,语法结构至少与词汇项目的频率分布有关。因此，构式搭配分析法可以应用于语言的构式主义方法中，尤其是基于用法的方法中，因为基于用法的方法属于语言的认知方法范畴，关注说者语言知识的处理。目前，大多数采取构式搭配分析的研究主要聚焦动词与论元结构、时和体及语气和情态与构式之间的关系。由于构式搭配分析法从广义的角度观察构式语法的语言特征，因而构式搭配分析法并不局限于语法理论问题；相反，该方法也广泛应用于对第一和第二语言习得、语言演变和语言加工等方面的研究。

构式搭配分析法采用来自推断统计的关联强度测量，而不是简单的频率统计。搭配分析法认为，推断统计测试中的 p 值可以直接用于测量关联强度，是认知加强的一种测量方法。构式搭配分析法将提示效度（cue validity）看成是该方法得以成立的基础，反映了心理语言学解释的认知机制。具体地说，构式搭配分析法可以理解为提示有效性（cue availability）和提示信度（cue realiability）的组合。提示有效性和提示信度都与词和构式有关。提示有效性的计算方式是将构式中的词频数除以该构式的总频数。提示信度的计算方法是将构式中的词频数直接除以语料库中词的总频数。

提示有效性主要以相对频率（relative frequency）为基础，但同时又以观察频率和期待频率（observed and expected frequency）的比较为基础。这进一步佐证了构式搭配分析法使用的是推断统计而不是生频率（raw frequency）。

尽管构式搭配分析法的逻辑与 2×2（2-by-2）列联表评估的统计检验相一致，但构式搭配分析法主要使用的统计方法是费歇尔精确检验（Fisher-Yates exact test）。使用大于 2×2 列联表的构式搭配分析的不同版本，都使用单次二项检验。从心理语言学的角度看，统计检验（statistical test）是最合理的。事实上，Fisher-Yates 精确检验比广泛使用的统计检验效果更好。

4.2.2 ▶ 类型与意义

构式搭配分析法主要包括三种形式：简单共现词位分析法

(collexeme analysis)、显著共现词位分析法(distinctive collexeme analysis)和互为变化共现词位分析法(covarying collexeme analysis)。虽然所有这些方法都基于相同理论和方法,但每一种方法都针对分析词和语法构式在不同子集方面的表现。

(1)简单共现词位分析法:用来计算构式的某个槽位对 n 个词的吸引强度。

(2)(多项)显著共现词位分析法:用来计算两个或多个功能相似的构式对 n 个词的吸引强度。

(3)(基于词项和基于系统的)互为变化共现词位分析法:用来计算构式中某个槽位的 n 个词对该构式中另一个空位的 y 个词的吸引强度。

下面具体介绍这三种构式搭配分析法及其操作。

(一) 简单共现词位分析法

简单共现词位分析法直接从语法的角度对构式搭配分析进行重新解释。该方法不是探讨词对(word pair)的共现,而是探讨构式配对之间的共现关系。一般说来,一个构式是词汇构式(词),另一个构式是语法构式(如论元结构构式或时-体构式)。

为了确定来自词类 L 中一个特定的词汇构式 l_i 与来自构式类 C 中一个特定的语法构式 c 之间的关联,简单共现词位分析法要求考虑下列频率:l_i 在 c 中的频率、l_i 在其他构式类 C 中的频率、c 中 L 的其他成员的频率、其他构式类 C 中 L 的其他成员的频率。然后,这些频率可以进入一个 2×2 列联表中(见表 4.1)。

表 4.1 概括了简单共现词位分析法中所需要的频率信息。这些频率信息都是词与构式之间的双向关联信息,或者说是词和构式的网络信息。获取频率信息是简单共现词位分析法的初始步。接下来,依据表 4.1 所获得的频率信息,确定 C 中 l_i 观察频率是否偏离其所期待的可能频率(expected chance frequency)。如果是这样的话,那么,那个偏离的频率是否具有统计学上的显著性?期待频率可以根据卡方

表 4.1 简单共现词位分析法所需的频率信息

	L 类中的词 l_i	L 类中的其他词	总　数
C 类中的构式 c	C(c)中 L(l_i)的频率	C(c)中 L($\neg l_i$)的频率	C(c)的总频率
C 类中的其他构式	C($\neg$c)中 L(l_i)的频率	C($\neg$c)中 L($\neg l_i$)的频率	C($\neg$c)的总频率
总数	L(l_i)的总频率	L($\neg l_i$)的总频率	C 的总频率

检验(chi-squaretest)的标准方法对期待频率进行计算,但是,就统计显著性检验而言,通常采用 Fisher-Yates 精确检验,而不是卡方检验。这种测试的 p 值可以直接理解为关联强度的测量。当然,其他或然性检验(contigency test)也可以使用。语料库 L 中的每一个 $l_{1...n}$ 都可以重复这个程序,然后共现词位分析法可以通过搭配强度进行排序。排序的信息一般可以成为研究者对数据进行解释的依据。词汇构式的频率显著高于期待频率,称为(显著)吸引的共现词位(attracted collexeme),而那些频率限制较低的词汇构式,称为(显著)排斥的共现词位(repelled collexeme)。

就论元结构构式而言,简单共现词位法可以从多个方面对被吸引的共现词位进行分析。(1)动词和论元结构构式(一般意义上的词和构式)之间存在统计关联,并且这些动词在这个关联程度方面存在显著的差异。这一发现对语言习得、语言加工和语言演变领域来说具有重要的启示作用。(2)与该构式最具强力联想关系的动词,是那些传统上被认为具有互补型式的动词。因此,构式搭配分析能够揭示高度规约化的动词-构式配对。(3)被吸引的共现词位都有转移(transfer)义,这种转移义要么表现在字面意义上,要么表现在隐喻意义上。这种意义是构式语法指派给双及物构式的。(Goldberg 1995:38)具有该意义的动词的出现,可以归结为语义兼容效应(semantic compatibility effect)。基于此假设,构式搭配分析法能够被用于识别构式的意义(或意义的系列)。(Stefanowitsch & Gries 2003)

被排斥的共现词位也表现出多方面的意义。(1)没有一个共现词位具有转移的概念。这从另一个角度提供了进一步的证据,证明语义兼容效应的存在。(2)这些共现词位主要都是高频动词,只在少量的相对固定的表达式中,以双及物的形式出现。(3)这些共现词位也提供了证据进一步证明,动词和构式实际上是相互独立的,在某种程度上允许动词在给定的构式中出现,即使这些动词主要是与其他构式关联的。

在简单共现词位分析中,被排斥的共现词位概念可以扩大到语料库中出现的动词。不发生(nonoccurrence)仅仅是指出现频率的限制情况,因此,表4.1中的图式可以用来确定一给定构式中给定词的不发生情况,或者说这种不发生是不是出于偶然。在一个构式中,以零频率出现的(显著的)排斥共现词位是指(显著)零共现词位(zero collexeme)。

零共现词位也是有意义的,具体表现在以下几个方面:

(1)零共现词位的存在表明,语料库不仅在理论上而且在实践上包含否定证据。这种否定证据能够为语言学习者提供有关构式在语义和句法边界方面的重要信息。

(2)就语言学习者而言,不发生显然在语言上是有理据的:很难想象be,have或know如果用于双及物构式中,能够表达什么意义。

(3)也有一些不发生动词能够直接进入构式的字面或隐喻转移的范畴之内,比如说say。在Stefanowitsch(2013)看来,零共现词位的存在也是限制构式任意能产的证据。

(二)显著共现词位分析法

显著共现词位分析法是构式搭配分析法的一个延伸。这种方法考察两个近义词(near-synonymous word)的所有搭配,强调与这些近义词共现的每一个词的搭配在频率上的比较。换句话说,计算与这些同义词搭配的关联强度,不是将其与所在的语料库中出现的全部数量进行比较,而是将其与一起出现的其他同义词数量进行比较。显著共现词位分析法按照相同原则,对语义或功能上相似的两个构式在一给定槽位中出现的所有词进行跨构式比较,如will-将来和going-to-将来的语义变换。再比如,在变换构式中,主动 vs.与格的关系。或者说,小品词在前 vs.宾语在前的动词-小品词构式。这些情况,都可以采用显著共现词位分析法进行跨构式比较。

从本质上讲,关联强度的计算与简单共现词位分析法相同,不同的是第二个构式在语料库中出现。就是说,如果要确定属于词类 L 的词汇构式 l_i 与 c_1 和 c_2 两个语法构式的关联(c_1 和 c_2 都属于构式 S),就需要确定下列频率:c_1 中 l_i 的频率、c_2 中 l_i 的频率、c_1 中 L 其他成员的频率、c_2 中 L 其他成员的频率。然后,这些频率便可以进入双向列联表,见表4.2。

表 4.2 显著性共现词位分析所需的频率信息

	L 类中的词 l_i	L 类中的其他词	总数
C 类中 c_1 构式	$C(c_1)$ 中 $L(l_i)$ 的频率	$C(c_1)$ 中 $L(\neg l_i)$ 的频率	$C(c_1)$ 的总频率
C 类中 c_2 构式	$C(c_2)$ 中 $L(l_i)$ 的频率	$C(c_2)$ 中 $L(\neg l_i)$ 的频率	$C(c_2)$ 的总频率
总数	$C(c_1, c_2)$ 中 $L(l_i)$ 的频率	$C(c_1, c_2)$ 中 $L(\neg l_i)$ 的总频率	$C(c_1, c_2)$ 的总频率

如果表4.2进行像 Fisher-Yates 精确检验这样的应变测试,结果会出现所讨论的词汇构式在显著性方面频率更高的情况。这种显著的高频率既出现在构式 c_1 中,又出现在 c_2 构式中。结果可能是,词汇构式并没有显著偏离其所期待的随机分布。这个过程可以对出现在 c_1 或 c_2 中 L 的每一个 $l_{1\ldots n}$ 进行重复统计。然后,共现词位可以通过关联强度得到排序。如果这两个构式中的一个,在显著性方面出现频率更高的词汇构式,那么该词汇构式就称为那一构式的具有显著性的显著共现词位[(significant)distinctive collexeme]。

显著性共现词位分析法测量构式之间的差异,目的在于揭示两个构式之间的相似性和差异性。与两个构式有显著关联的词,在其中之一的构式中频率显著更高的词,对那一构式来说具有显著性。因此,需要将显著性共现词位分析与每一个构式的简单共现词位分析结合起来分析。

(三) 互为变化共现词位分析法

互为变化共现词位分析法是结构-敏感搭配分析方法 (structure-sensitive collocate analysis) 的一个延伸。互为变化共现词位分析法将词的线性共现搭配思想应用于构式研究中。其目的是发现在同一构式的两个槽位中出现词的相互配对，观察这两个槽位中的配对词是否多于或少于所期待的频率。换句话说，互为变化共现词位分析法可以用来研究具有框架性质的构式。在这个框架中，存在两个槽位，填补这两个槽位的词形成配对，而这种配对具有潜在的关联。因此，研究该构式槽位中配对词的潜在关联性是互为变化共现词位分析法的主要目的。正如显著性共现词位分析法，互为变化共现词位分析法中的词，在语料库中的总频率也不予考虑。

为了确定出现在构式 C 的 s_1 和 s_2 槽位中的两个词汇构式 l_1 与 l_2 之间的关联，必须分别了解下面这些频率：当 l_2 在 s_2 中出现，l_1 在 s_1 中出现的频率；当不是 l_2 的词位出现在 s_2 中，l_1 出现在 s_1 中的频率；当 l_2 出现在 s_2 中，不是 l_1 的词位在 s_1 中出现的频率；当 l_1 或 l_2 都不出现在 s_1 和 s_2 中，C 的频率。然后，这些频率被输入双向表中，见表 4.3。

表 4.3 互为变化共现词位分析所需的频率信息

	构式 C 槽位 s_1 中的词 l_1	构式 C 槽位 s_1 中的其他词	总 数
构式 C 槽位 s_2 中的词 l_2	C 中 $s_1(l_1)$ & $s_2(l_2)$ 的频率	C 中 $s_1(\neg l_1)$ & $s_2(l_2)$ 的频率	C 中 $s_2(l_2)$ 的总频率
构式 C 槽位 s_2 中的其他词	C 中 $s_1(l_1)$ & $s_2(\neg l_2)$ 的频率	C 中 $s_1(\neg l_1)$ & $s_2(\neg l_2)$ 的频率	C 中 $s_2(\neg l_2)$ 的总频率
总数	C 中 $s_1(l_1)$ 的总频率	C 中 $s_1(\neg l_1)$ 的总频率	C 的总频率

表 4.3 展示了互为变化共现词位分析所涉及的频率信息。这些信息包括同一构式两个槽位中词对的频率。在计算出这些信息之后，接下来可以对这个表进行偶然性测试 (contingency test)。出现在这个构式中的每一个词对都要重复进行这个程序。共现频率与期待频

率相比显著增多的词对被称为互为变化共现词位。

互为变化共现词位分析研究旨在发现管辖—给定构式中共现词位关系,具体包括三个因素:框架、意象图式连贯、原型。基于框架的互为变化共现词位的存在进一步为构式的语义提供证据。另外,这种共现词位及基于(半)固定的表达式,不仅能够为存储和加工构式的语法系统提供证据,而且也为构式有能力存储范例提供证据。也就是说,存储的范例是从上位构式那里承继所有的形式特征。

4.2.3 ▶ 扩展与应用

构式搭配分析法的应用促进了构式语法研究的发展,而构式语法的发展也促进了构式搭配分析法的进一步完善。构式搭配分析法的逐步完善体现在两个明显的扩展上。第一个扩展:关注显著性共现词位分析法中构式变量值的增多;第二个扩展:关注简单共现词位分析法或显著性共现词位分析法中变量数量的增多。

显著性共现词位分析法最初用于比较两个在语义或功能上相似的构式中词的分布频率,但该方法现在也可应用于两个以上此类构式的情景中。同时,该方法还可应用于历时性研究和变异研究中。这种多项显著性共现词位分析法是显著性共现词位分析法的直接扩展,扩展后的多项显著性共现词位分析法所需要的信息见表4.4。

表4.4 多项显著性共现词位分析所需的频率信息

	L类中的词l_i	L类中的其他词	总数
构式 c_1	$C(c_1)$中$L(l_i)$的频率	$C(c_1)$中$L(\neg l_i)$的频率	$C(c_1)$的总频率
构式 c_2	$C(c_2)$中$L(l_i)$的频率	$C(c_2)$中$L(\neg l_i)$的频率	$C(c_2)$的总频率
…	…	…	…
构式 c_n	$C(c_n)$中$L(l_i)$的频率	$C(c_n)$中$L(\neg l_i)$的频率	$C(c_n)$的总频率
总数	$C(c_{1,2…n})$中$L(l_i)$的总频率	$C(c_{1,2…n})$中$L(\neg l_i)$的总频率	$C(c_{1,2…n})$的总频率

表4.4展示了扩展后的显著性共现词位分析的频率信息情况。与表4.2相比,表4.4不仅构式的数量增加了,从两个构式发展到n个

构式,而且 L 类中的 l_i 词和 L 类中的其他词在随之增加。扩展后的显著性共现词位分析法可以处理更加复杂的构式类型。

构式搭配分析法最初研发的目的是回答与语法理论相关的问题。其基本的变体包括两个变量(词汇构式和语法构式)。但是,构式语法并没有将语法看成是一种封闭的语言知识,因而需要引入语法外变量,从更全面的角度理解语言。这些语法外变量包括通道(口语 vs. 书面语)、语域和变异等。要处理这种附加的变量,需要引入构式搭配分析的多维度版本。因此,扩展后的多维显著性共现词位分析法,仅仅对原来的设计添加了一个或多个变量,产生了多维度列联表,然后明确了合适的统计程序,如层次结构构形的频率分析(hierarchical configural frequency analysis)。这种构式搭配分析的变体被用于变量语言、方言和通道等方面。

构式搭配分析方法应用相当广泛,采用该视角进行语法研究最多的领域是论元结构,如英语双及物构式、英语中的与格变换、英语复杂及物性、同源宾语构式、使役构式、动词-小品词构式、way 构式、as- 表语构式、移动动词和态度动词等。另一个研究相对较多的领域是时/体,如英语进行体、英语过去式、英语 will- 构式和 going-to- 将来构式之间的区别、将来构式等。少部分研究语气和情态(mood and modality)、语态和英语所有格构式。

总之,构式搭配分析至今已应用于语法的核心领域,但是也用于一些次要构式的个案研究,如英语 [go-V] 和[go-and-V]、[try to V] 和 [try and V]之间的变换、[think nothing of V-ing]、[NP waiting to happen]和各种隐喻模式,如 [at the heart of NP]等。所有这些研究都在某种程度上关注构式的语义和/或功能特征。

另外,在 L2 习得中,采用显著性共现词位分析法进行研究的目的是验证构式的存在。研究的话题包括:学习者语言中的共现词位关联、学习者语言连续阶段中出现连续性的变化、利用 L2 语言学习者的显著性共现词位发现构式的原型实例、L2 规约化变异的本土化研究等。

另一个更具理论取向的研究是语言演变。这类研究处理构式的发展问题，主要进行跨时共现词位关联。共时变异研究虽然不多，但与通道研究（如口语 vs. 书面语）、构式的方言（如英国英语和美国英语）研究有关。

构式搭配分析法与基于用法的模型之间有密切的关联。由于这种密切联系，构式搭配分析法也触发了心理语言学方面的研究。这类研究的目的是发现构式搭配关联对语言加工的影响。另外，构式搭配法也与句法启动和句法分析（parsing）结合进行分析。构式搭配分析还可应用于对语义类别的归纳性识别、不同历时阶段的构式研究及构式与方言之间的关系等。

4.3 语料库与构式演变方法

构式语法研究在方法上深受语料库语言学的影响，无论从数据的类别（见 4.1.2）还是构式搭配分析法都需要借助语料库和语料库方法，从而获得可观察的、用于测量的数据。语料库语言学对构式语法的研究产生了重大影响，不仅发现了共时层面上词与构式之间的关系，而且也加深了人们对构式历时发展的理解，促进语言演变和历史句法学研究的发展。基于以上认识，我们在此介绍 Hilpert（2013b）发表在《牛津构式语法手册》中的文章《基于语料库的构式演变方法》。在 Hilpert（2013b）看来，构式演变涉及三种不同类型，包括构式频率的演变、构式形式的演变及构式功能的演变。从语料库中检索到的数据能够解释有关构式演变渐进性的微小细节，促进语言变异及变化研究特点的量化分析。下面分别介绍语料库与构式演变的关系、构式演变的类型及其表现。

4.3.1 ▶ 语料库与构式演变

一直以来，现代语料库与历史语料库在语言学中得到了广泛而全面的应用。历史语料库语言学方法与语言演变的构式方法有着相同的目的(见 3.2)。虽然历史语料库语言学方法并不能与构式语法特定的对象直接挂钩,但间接执行构式主义的承诺,即研究的焦点在于形式-意义的配对,以及该形式-意义配对在结构、功能、频率方面的发展。历史语料库语言学方法与构式演变的关系涉及以下几个方面:(1)为何历时语料库及类似的文本资源,如《牛津英语词典》(OED)对构式演变的研究来说,是极恰当的数据来源?(2)如何使用这些资源以实现这一目标?(3)构式视角如何将这类基于语料库的研究与语言演变的其他研究方法区分开来?

针对上述问题,我们先回顾一下对构式的认识。构式是形式与意义的象征配对,反映结构或语义/语用上的异质性,或者即使没有这种异质性,也是一种高层次的强化。从宽泛的角度界定"构式"这一术语是必要的,因为语言学知识的总和可以被看成是有等级的、有序排列的象征单位的网络。在这个网络中,更具图式性的构式与更具体的构式共享若干或全部的构式特征。由于异质性或频率,每种被说话者存储在心里的语言形式,都代表这一构式网络的节点。从历时角度来看,网络中单个或多个节点可能发生变化。这些变化过程可以依据语料库数据进行研究。

在语言使用中,构式的形式和意义会经历转化与演变。形式变化与构式的音系或形态-句法有关,意义演变影响的是构式的语义和语篇-语用特征。不管是形式变化还是意义演变,都可进行语料库分析。随着时间的流逝,构式的形式和意义的某个方面都会发生变化。就是说,构式的某一个变体可能会随着时间的发展使用越发频繁,从而导致该构式的原型发生改变。即使这种变化没有发生在结构上,也有可能发生在频率方面,从而使构式经历不同类型的频率变化,如绝对频率、相对频率或类符频率的变化。与构式实质性的变化相比,这些频率变化可能没有明显的发展迹象。如果要追踪构式变化脉络,把握构式变化的细节,可以采取频率测量的方法进行研究。具体地说,构式的形式与意义的变化可以通过对构式变体的频率进行测量,从而获得频率发展趋势的可靠证据。推断统计的方法(inferential statistics)是目前常用的测量方法,可以用来处理定量语料库语言学中的频率测量问题。近年来,许多针对历时语料库数据的技术已经研发出来(见4.2.3)。频率测量法不仅仅在于记录一给定构式各个历史发展阶段的差异,而且还提出了基于语料库的方法研究构式演变的理论问题,并通过从语料库数据中得到的频率加以阐释。也就是说,在基于语料库的构式演变研究中,可以首先建立假设,然后依据来自语料库的观察频率(observed frequency)验证或推翻所提出的假设。

如果"构式"这一术语仅表示语法构式,那么"构式演变"这个术语大致近似于语法化。也就是说,语法化这种演变是词汇项目和构式在特定的语言环境下为语法功能服务的。一旦实现了语法化,这种演变就会继续朝新的语法功能发展。但与语法化相比,构式演变涵盖的范围更广。首先,在构式演变中,词汇项目也属于构式,因此词汇化及词汇语义上的所有变化都包含在构式演变的范围之内。其次,语法化的诸多定义中不包含词序变化,而构式演变则涵盖词序变化。因此,尽管语法化和构式演变在研究主题与理论定位上存在大量的重叠,但构式语法的历时性分支比语法化研究的工程更为庞大。语言演变的许多过程并非只局限于单个构式。事实上,语言演变涵盖了跨构式的成分,因此,从跨构式的角度,将语言演变看成是影响语言变化或语言变化的整体,更符合语言发展的规律。

> 构式演变是指选择性地选取语言中规约化的形-义配对,促成其在语言共同体中发生改变。这种改变是由形式、功能、频率,或者这些因素共同作用造成的。(Hilpert 2013b:460)

该定义表明,构式演变的产生是因为触发了构式网络中的单个节点而引起的。经过时间的推移,这个节点上的变化会向其他节点扩散,从而对构式的其他节点产生影响。由此看来,构式演变和语言演变的差异只是一个程度问题。这就是说,即使是最一般的语言演变过程,也可能是从影响单个构式开始的。

4.3.2 ▶ 构式演变的类型

基于语料库的构式研究涉及3种不同的构式演变类型,即频率变化、形式变化和功能变化。频率在构式演变中极为重要,不仅因为频率测量方式是语料库语言学研究方法的支柱,而且因为频率也是从语料库的角度对形式和功能变化进行研究的主要手段。就构式演变而言,频率变化虽然不一定包括构式演变,但却与构式在一定的语境中所出现的频次有关。构式不仅在形式极上有变化,而且还经历各种语义变化,即语义极上也有变化。形式变化范围涉及语言的各个层面,包括从语素音位变化(morphophonemic)到句法变化的不同层面。当然,形式、功能与频率这3种变化类型彼此相互关联,并由此衍生出更多类型的变化,而每一种变化类型都对构式演变起着至关重要的作用。有关构式演变的类型及其表现,见表4.5。

表4.5 基于语料库的构式演变研究

类 型	现 象
频率	(1) 文本频率变化 (2) 相对频率变化 (3) 能产性变化 (4) 体裁和变异性变化
形式	(5) 语素音位变化 (6) 形态句法变化 (7) 论元结构变化 (8) 宿主类扩张
功能	(9) 隐喻和转喻 (10) 类比延伸 (11) 搭配变化

表4.5从语料库的角度概括了构式演变的类型及其各种表现。就频率而言,构式演变存在4种变化现象,分别是文本频率变化、相对频率变化、能产性变化及体裁和变异性变化。从语言形式上看,构式演变包括4种变化现象,即语素音位变化、形态句法变化、论元结构变化和宿主类扩张等语言层面的变化。就构式的意义变化而言,或者说

是构式的功能变化而言,构式演变包括 3 种变化现象,分别是隐喻和转喻、类比延伸和搭配变化。下面分别对这 11 种变化做简要介绍。

4.3.3 ▶ 构式演变的表现

(一)文本频率变化

文本频率变化也许是所有变化中应用最为广泛的测量构式演变的方法。众所周知,频率增加是语法化的一个常见的推论。要对观测到的频率变化做出解释,就需要检测频率变化的发展是否与形式或功能变化相一致。一般而言,观察生频率通常是构式演变分析的开端。具体做法涉及以下 3 个方面。

(1)时间比较法,即比较两个代表不同时期语料库中的构式的发展情况。比如,BROWN 语料库家族分别提供 20 世纪 60 年代到 90 年代英国英语与美国英语的代表,我们可以对这两种英语在这两个时期的发展情况进行精确的对比。另外,还可以通过明显时间(apparent time)研究,对比不同年龄说话者的共时用法,同时历时语料库分析法(diachronic corpus analysis)也可以对此进行补充。因此,在时间比较法中,可以将历时与共时语料库结合起来,共同检验假说并完善假设。

(2)例证透视法,即如果某一资源能够反映某一时段内连续的语言使用情况,那么频率发展就可以用更加细致入微的方式加以分析。《牛津英语词典》(OED)是一种非常有效的数据来源,能够提供非常详细的例证,并能提供这些例证中某一特定语句发生的确切年份。基于 OED 的历史研究,通常以半个世纪或近似的时间段区分数据。

(3)构式间比较法,即对有相互关系的构式之间的频率发展进行比较。比如说,19 世纪早期出现的进行时被动语态(The house is being built),在语义上与之相似的是被动构式(The house is building)。利用构式间比较法,就可以对这两种存在于同一语态系统中的两种相关的被动语态构式进行比较,考察这两种构式之间的关系。

(二)相对频率变化

相对频率变化是指与变化着的文本频率相比而反映出来的变化。

构式发展在变化着的相对频率方面表现得更为明显。如果孤立地看，某一构式频率略微增长似乎并不那么重要，但如果某一相似构式出现频率降低，那么，这两个构式的发展合在一起便成为值得深究的现象。这两种变化着的相对频率与所谓的初始语法化（incipient grammaticalization）特征有关。初始语法化特征涉及两种基本原理，即趋异原理（the principle of divergence）和分层原理（the principle of layering）。

趋异原理描写的是正在语法化中的形式及其共现词汇来源分别经历各自的发展这一现象。例如，只有语法化过程中的 be going to 构式才磨蚀为 gonna，而词汇动词 go 则仍然保持完整的音系形式。同样，语法化中的形式也经历频率发展，与词汇来源分离开来，而词汇来源通常不经历任何较大的频率变化。因此，对照语法化假定的备选项与其词汇来源，可以证实确实存在一种明显的发展。

分层原理描写的是具有相似语法意义的两个不同构式的共存现象。例如，英语语法中的现在时间和过去时间，可以通过音系上的元音交替（I write vs. I wrote），通过形态上的齿音后缀（I work vs. I worked），或通过迂回的完成构式（I work vs. I have worked）来进行对比。分层这个隐喻说明这些变换方式代表了不同的历史时期。迂回策略比其他两种策略出现较晚。这些变换的相对频率变化，可以揭示某一构式正成为默认的选择，而另一种构式则逐步淡出视线，不再使用。或者，也存在这种显而易见的现象，即某一构式找到了自己的语法生态位（grammatical niche），因而相对频率可以保持稳定。

在具体研究中，可以对某一语法领域的构式进行历时语料库分析，或者依据共时数据和显性时间设定进行相关研究。

（三）能产性变化

频率发展可以发生在形符频率层面，如某一构式在给定语料库中的出现情况。同时，频率发展也可在类符频率层面上发生。比如说，构式可以通过宿主类扩张来扩大其共现成分的范围，即采取整合句法范畴的方式，达到扩大构式共现成分的范围。构式也可接受来自相同句法范畴的多个不同成分，从而触发演变的发生。所有这些现象都属于类符频率变化。这种类符频率变化也从另一个方面反映了构式的能产性。比如说，英语后缀 -able 允许通过依附动词词干的方式构成形容词，产生 acceptable, enjoyable, predictable 等形容词形式。从历时的角度看，V-able 构式依据动词词干的接受程度，经历了若干变化。在中古英语时期，-able 作为法语引进英语语言中，并首次与日耳曼语动词词基（verb base）一起出现。当 V-able 构式形成概括时，便开始与日耳曼语词干一起使用，产生像 breakable 或 wearable 这种形容词形式。历时语料库分析可以确定英语讲话者何时开始形成带日耳曼动词词干的形容词，确定该构式能产性增长的时期，确定该构式能产性在当代英语中是否仍然保持增长势头，还是事实上已经止步不前了。

（四）体裁和变异性变化

构式的演变还与某种语言体裁或变异性有关。例如，在非正式言语中出现的构式，经过一段时间能够进入更高一层的书面领域。相反，随着时间的流逝，构式的语体范围也有可能经历变窄的过程。

比如在英语中存在主格和不定式（NCI）组成的构式。该构式包括一个主语、一个动词和一个不定式。这类动词一般是知觉动词、认知动词，且以被动方式出现。该构式的功能是实据性（evidentiality）的一个标记，表明信息的来源。

NCI 构式通过 is thought to 和 is said to 表示。该构式在历时发展中呈 U 形的发展趋势。产生这一现象说明，体裁中的证据、体裁的性质及体裁中证据的来源，都与频率变化有密切的关系。与当代英语中其他体裁相比，报纸与科技类文本中 NCI 构式出现的比率更高。可见，NCI 构式逐渐由一般用法向专业化领域（体裁）发展。NCI 构式在新闻报道和科技写作方面，已经发展了各自不同的动词偏好模式。新闻写作中常用的模式有：be said to, be reported to, be understood to 和 be alleged to；而科技写作中常用的模式则属于另一类，如 be shown to, be found to, be known to 和 be estimated to。总之，NCI 的专业化发展过程进一步证实了体裁来源与频率关系的重要性。

(五) 语素音位变化

对于不能代表构式演变实例的语言演化来说，规则语音变化是绝好的例子。如果一个词整体受到影响，比如，过去常常带有词首塞音的词汇构式，现在却出现了词首擦音，这说明该词汇构式已退出了一般的演变。然而，英语中仍然存在与特定构式有关的语音变换方面的演变。

例如，在 1450 年到 1680 年间，齿间（interdental）第三人称单数后缀（如 he doth）形式被一个带有齿龈摩擦音（alveolar fricative）的后缀所替代（如 he does）。这一发展并不与词汇项目同步。比如，在 breath 和 youth 中的擦音并没有改变。这一变化的相对频率可以采用基于语料库的分析来测量，用以确定此种构式演变发生的时间，以及两种形式发生转变的持续时间。另外，针对说者所做的相关语言和非语言因素的选择，语料库还能提供分析数据。从技术上讲，预测一个因变量(-th vs. -s)的产出，可以基于若干个自变量，包括频率、形式、功能和其他超语言因素。通过对变量的分析，可以深入剖析语言演变的相关问题，如哪类结构语境偏向新形式的使用，哪类说话者在推动着语言的变化，语言和超语言因素如何互动，等等。

(六) 形态句法变化

也许构式演变最明显的特征是语法化在形态句法上的持续缩减。比如，英语中 gonna 的形态句法缩减是从 be going to 演化而来的。因此，构式演变研究需要同时关注形式、频率和诸多超语言变量。然而，目前语料库语言资源还存在不足，历时语料库建设还不够完善，容易造成研究者在追踪某一构式历时发展过程中，无法对变量进行有效控制。这些变量可以包括体裁、变体及各种结构因素。

(七) 论元结构变化

构式的发展可能带来构式组成成分的变化，如配价成分的变化。一般说来，配价成分的变化与动词的论元结构有关。在论元结构构式发展中，新的论元可能变得更具强制性。该构式所要求的论元可能逐渐变化甚至消失。在构式研究中，利用历时语料库数据，能够追踪并展示新的论元结构模式何时产生，该新的论元结构模式又以什么方式发展。

（八）宿主类扩张

宿主类扩张是语法化过程中构式演变的有效参数。某些句法中心语起初只与特定的补语类型一起出现，现在可能增加补充成分的范围，从而涵盖更多不同的句法范畴。历时语料库分析能解释这一延伸何时发生、如何发生，同时能够解释不同的补语类型在频率方面如何发生变化。

例如，英语 it-分裂构式随时间流逝经历了宿主类扩张。介词短语在 14 世纪起作为焦点成分出现，副词和小句成分是早期现代英语的创新。这类构式可以从语料库中获得总频率。名词短语依旧是整个语料库中最常见的焦点成分。这一渐进式宿主类扩张的延伸过程，弥补了现在对 it-分裂句理解的不足，认为无名词焦点成分的 it-分裂句是从一般构式（impersonal construction）派生而来的看法，并不符合 it-分裂构式的演变路径。

（九）隐喻和转喻

隐喻和转喻延伸在一词多义中已得到广泛研究。由于介词的许多空间意义通过隐喻延伸至时间意义，或者延伸到其他在语义上更加抽象的领域，因而介词的多义性尤其受到关注。同词汇一样，许多句法复杂的构式也经历了相同的历时延伸过程，因而也呈现出共时多义现象。英语双及物构式（Goldberg 1995）通常对宾语的意向转移（intended transfer）进行编码，但双及物构式的使用却通过隐喻方式进行，如 Thyme gives the soup a nice flavor。这种现象表明，双及物构式编码的是因果关系，而不是转移关系。构式的语义延伸可通过历时语料库分析方法进行研究，特别是针对有歧义的例子进行定性分析，以达到为两种不同解释搭建桥梁的目的。

（十）类比延伸

在构式语法中，语法知识被看成是反映不同程度图式性的象征单位。或者说,语法知识是具有等级网络的象征单位。高度具体的构式,如习语 not give a damn,可能生成诸如 not give a boot 或 not give a monkey's 等形式。产生这种现象的原因是说者用类比成分替代习语中的某一部分。重复的类比延伸随时间推移会产生一种概括性图式 not give a NP,从而将一系列表达式添加到目前仍然是部分图式性的习语中。阶梯式的类比延伸可以为构式共时使用的限制提供一种历时的解释。比如,阶梯式的类比延伸可以用来解释为何某些词汇项目不能同时出现的问题。使用历时语料库,可以观察给定构式槽位中成分的出现情况。如果构式槽位中出现的成分不断增加,那就表明类比延伸在起作用。

(十一) 搭配变化

类比延伸是指新的词汇成分出现在某一构式中的情况。类比延伸属于语义演变(semantic change)范畴。构式搭配除了共现因素外,还会出现质变和量变的情况。随着时间的推移,某些搭配的使用频率多少会有所增加。构式搭配的这种变化表明,构式演变的发生概率绝不亚于新词搭配的出现。因此,搭配变化或改变搭配偏向,可以采用语料库方法进行定量分析。这种研究方法能够为语法构式的语义发展带来启示。显著性词位分析方法的扩展(见 4.2.3)表明,构式搭配的共时方法能够有效应用于历时数据的分析中。(Hilpert 2008)与共时变体不同,历时应用并不对比多种构式,而是研究跨越不同时间段的单个构式。在历时语料库的基础上,这一方法可以确定在不同历史阶段,哪类共现成分在给定构式中更为典型。

构式一般以渐进的形式在频率、形式和功能上发生变化。记载构式在用法上变化的主要手段是借助推断统计进行频率测量。语料库有潜在的能力,可以解释实际存在的差异。语料库为构式演变研究提供了实际操作手段。基于语料库的构式演变研究能够解决历史语言学中尚未解决的许多问题,包括语法化问题。

第五章　基于用法的构式研究:话题(1)

基于用法的语言学关注语言使用、语言起源和语言演变三个相互联系的方面。依据《牛津构式语法手册》,结合目前构式语法研究的现状,我们从语言结构、语言习得和语言演变三个层面,分别介绍基于用法的构式语法研究所涉及的对象、内容及相关方法。Goldberg(1995)的构式语法侧重共时层面的理解,Traugott & Trousdale(2013)和 Hilpert(2013a,2013b)则更关注构式化与构式演变,从历时的角度发展了构式语法的基于用法的思想。有鉴于此,我们参阅 Wulff(2008,2013)、Hilpert(2008,2013a,2013b)、Perek(2015)的研究成果,首先从习语、语素变体、构词、句法、时态和论元结构构式等语言层面的话题,介绍基于用法的构式语法的相关研究,而把语言习得方面的研究话题放在第六章讨论。

|5.1| 习语

Stefanie Wulff 是较早从基于用法的角度对习语构式进行系统研究的学者。她的研究是对早期习语构式研究的补充发展和完善。在此,我们依据 Wulff(2008)的著作《从基于用法的视角重新思考习语性》及 Wulff(2013)有关词和习语的观点,从习语是构式、习语行为测量和构式是习语这三个方面进行介绍。

5.1.1 ▶ 习语是构式

习语是语言研究的一个传统课题。早期的习语研究将习语性等同于非合成性,认为一个短语(习语)由若干成分义组成,但这些成分义的相加并不等同于该短语的意义。近年来,随着构式语法研究的发展,人们发现,依据非合成性标准并不能对习语和非习语做出明确的区分。在认知构式语法看来,非合成性似乎是一个程度问题,而不能仅仅作为判别习语性的标准。比如说,讲英语的本族语者至少能够区分 V NP 构式合成性的三种不同程度:高合成性(如 write a letter)、中合成性(如 see a point)、非合成性(如 take the plunge)。心理学研究、词典编撰研究,尤其是认知取向的语言学研究明确提出,习语性的识别不能仅仅依据非合成性(的程度),也不能将非合成性作为唯一的标准。事实上,说者还依赖其他特征整体评估短语的习语性,如形式的固定性程度或规约性程度,还包括修饰语的可接受性及句法的灵活性等。

可以说,对习语的研究是构式语法研究的真正开始。Croft & Cruse(2004:225)指出:"毫不夸张地说,为了能够在说者的语言语法知识中找到习语表达的合适位置,构式语法产生了。"就是说,由于习语是乔姆斯基范式中的异常现象,因此,早期的构式语法研究就是从习语开始的(见 1.1.2)。

Fillmore 等人(1988)认为,实体习语(substantive idiom)构式可以像单词一样一个一个地学得。而形式习语(formal idiom)构式的实例数量相当大,不太可能像实体习语那样一个一个地学习其中的每一个例子。但是,由于习语构式通常具有清晰可辨的语用之力(pragmatic force),因此,形式习语对词和规则的语法模型提出了挑战:形式构式具有能产性,因而是基于规则的(系统的);但是,形式习语又常常违反语法通常的规则。此外,由于习语可以由词汇和句法修饰,因此,习语不仅仅是固定的词语组合。

在 let alone 的基础上,Fillmore 等人(1988:506—510)依据习语在词汇、语义及句法上的不规则性,根据习语偏离规则句法表达的程度,将习语划分为不同种类(见表 5.1)。

表 5.1 显示,基于规则句法表达的习语类型涉及三个维度的内部结构:(1)成分的熟悉度与组合方式的熟悉度;(2)习语在词汇、句法和意义方面的表现;(3)规则与不规则。

表 5.1 基于规则句法表达的习语类型

	词 汇	句 法	语 义
不熟悉的成分不熟悉的组合	不规则	不规则	不规则
熟悉的成分不熟悉的组合	规则	不规则	不规则
熟悉的成分熟悉的组合	规则	规则	不规则
规则句法表达式		规则	规则

依据这三个维度,习语具有四种不同的组合类型:

第一种类型是不熟悉的成分不熟悉的组合(unfamiliar pieces unfamiliarly arranged)。如果表达的组成成分在所出现的习语以外被发现,并且该习语的句法结构不规则,就属于第一种类型的组合。例如,kith and kin(family and friends),with might and main(with a lot of strength)。正如 Croft & Cruse(2004:235)所指出的那样:"按照定义,(不)熟悉的词进行了不熟悉的组合:如果词在习语外不存在,那么,依据常规的句法规则,这些词就不能被分配到一个句法范畴中。"需要指出的是,尽管这些表达式在所有三个相关领域可能都不规则,但这些表达式也未必是完全非合成的,因为部分表达仍然会映射到部分意义上。因此,可以得出这样的结论:即便在这组非常规的表达中,就非合成性程度而言,存在相当大的变化,因为大部分表达式都是部分语义合成的。

第二种类型是熟悉的成分不熟悉的组合(familiar pieces unfamiliarly arranged)。像 all of a sudden 这个习语,sudden 这个成分是熟悉的成分,但是该成分在这个习语之外不具有名词的功能,因而 all of a sudden 这样的组合是不熟悉的组合方式。该类习语与第一类习语不同。这类习语的所有成分都是熟悉的,也就是说,这些成分也可以发生在表达式之外。该类习语在图式化程度上也存在差异。Fillmore 等人(1988)将词汇上充分说明的习语称为实体习语(substantive idiom),而将词汇上部分说明的习语作为形式习语

(formal idiom)。另外,作用于该表达式的成分词与作用于该表达式以外的词汇意义,在重叠的程度上也存在差异。

第三类是熟悉的成分熟悉的组合(familiar pieces familiarly arranged)。例如,在 pull X's leg 这一习语构式中,X 在词汇上是没有详细说明的槽位,可以由表示人的指称对象填补。在 tickle the ivories (play the piano)这样的习语构式中,既包括实体习语,又包括形式习语。这类习语与其他习语表达式不同,只是因为该类习语的成分词的组合反映了语言的规则语法型式。

第四类是规则句法表达式。这类习语构式符合句法的规则表达,在词汇、句法和语义方面都符合规则。将这一属于常规语法规范的表达式纳入习语中,也说明了习语是构式或者构式是习语的基本思想,符合 Goldberg(2006)对构式的界定,即无论该表达式的意义是否可以从其组成成分中得到预测,都可以被理解为构式。

习语实现了对语义和句法上不规则表达式的整合。这一整合已经成为构式语法发展的主要动力。但是,形式和/或功能的不可预测性是充分条件,但不一定是构式形成的必要条件。也就是说,即便是高度规则的表达式,也因为常常使用并在说者心理词库中得到固化,而成为合格的构式。(Goldberg 2006:64)在基于用法的构式语法中,语言的习得、表征和加工都由用法塑型。在方法论上,基于用法的视角需要明确关注真实语言数据。因此,基于用法的构式语法反映了语言学中普遍的实证研究转向。

习语不仅具有图式性特点,而且具有多维连续统(multi-dimensional continuum)的特点。在多维连续统上,可以形成形式和语义的不规则表达式,或者认知上固化的各种不同的表达式。另外,从多维连续统的角度看,"不规则性"这个术语并不能代表习语构式的本质特征,因此有必要将这种不规则性看成是构式的语义和形式"行为"。Wulff(2008,2013)的这个观点,改变了之前的习语研究在数据和方法上的不足,使习语研究向量化研究发展,这也是基于用法的习语构式研究的必然要求和发展趋势。

5.1.2 ▶ 习语行为测量

Fillmore 等人(1988)在习语研究的基础上建立了构式模型,该模型为象征主题提供了实证基础,也为认知语法提供了认识论基础。如何最充分地描述上述提出的多维连续统,是基于用法的构式语法研究的重要内容。因此,Wulff(2008,2013)用语料库数据测量语义和句法的不规则性(行为),即 V NP 构式的不同频率。这种测量方法与构式主义承诺的方法是一致的。Wulff(2008,2013)重点讨论了影响本族语者对构式做出习语性判断的因素、本族语者习语性感知的基础、本族语者在多大程度上做出习语性判断。

数据来自 BNC 的 39 个 V NP 构式(共 13 141 个形符)。其中,有 33 个构式出现在《柯林斯成语词典》(*Collins Cobuild Idiom Dictionary*)中。另外,在频率的基础上又增加了 6 个构式(详见 Wulff 2008:25—27)。例①列举出所有 39 个 V NP 构式,括号内是该构式的频率,包括所有变体形式。

①bear DET fruit (90), beg DET question (163), break DET ground (133), break DET heart (183), call DET police (325), carry DET weight (157)...

依据上述数据,Wulff(2008,2013)重点探讨了词对习语的贡献,并从习语的语义行为测量和习语的形式行为测量两个方面进行了阐释。

(一) 语义行为测量

构式主义习语观认为,大多数习语的意义都有可以识别的部分,这与习语的成分相关。事实上,严格的语义合成性,如果有的话,也是极少见的。如果将习语置于所说话语的语境中解释,那么大部分的表达式在一定程度上是非合成。从认知语言学的角度看,合成性不是二元的,而是一个向量概念(scalar concept)。另外,构式主义视角提出了一系列可操作的假设。首先,假定任何复杂的构式都包含许多更小的构式。这些小构式(construction)都对复杂构式的语义做出贡献。换句话说,小构式一方面继续向上进入构式(Construction),另一方面继续向下为构式组成成分的语义提供养料。在 V NP 构式中,该构式的动词和名词短语都被期待为 V NP 构式做出贡献。其次,小构式被认为是依赖使用频率并以不同的方式固化在构式中。因此,一个理论上合理的衡量方式,应该允许成分词有可能以不同的方式做出较大的贡献,因为没有理由假设,动词和名词短语必须对 V NP 构式做出同等大小的贡献。

另外,测量方式应该是基于特定项目的(item-specific)。从这个意义上说,并不是所有的成分词对所在构式的贡献都均等。例如,一种测量方式允许 see a point 中 point 的贡献高于或者低于 make a point 中的 point,这种测量方式是可取的。许多语义合成性测量方法的提出都出于这样的一种假设:语义规则性是成分词和短语表达式在语义上的相似性的一种函数(function)。有些测量方法是通过取代成分词来衡量语义合成性,同时又能解释构式习语性的能力。

Wulff(2008,2013)重点介绍了自动识别短语动词的测量方法。具体分成以下几个步骤:首先,确定每个成分词 W 的显著搭配集及这些搭配集所组成的构式 C。然后,将两个指标值组合在一起,获得一个词对该构式的总体贡献,见例②:

② weighted $R_w = R \times \text{share} = \dfrac{\text{n collocates } W \cap C}{\text{n collocates } C} \times \dfrac{\text{n collocates } W \cap C}{\text{n collocates } W}$

例②中,R 指的是词和构式间共享的搭配数量,搭配的数量由该构式的搭配总数量划分获得。该词的共享是指词和构式间共有的搭配数量,搭配数量由该词的搭配总数量划分获得。这里的指数范围在 0(如果一点没有重叠)和 1(如果搭配集完美匹配)之间。通过组合这两个指标值,加权的 R 可以从两个互补角度评价一个构式的整体语义合成性。R 反映的是该构式有多少语义可以通过成分词得到解释;相反,共享反映的是每个成分词本身给构式义带来了多少意义。

在此基础上,Wulff 以 V NP 构式中的 make DET mark 为例,对该方法进行解释。显而易见的是,make 是个高频率动词,并且由于一个词的显著搭配数量与该词的总频率相关,因此,make 有许多显著搭配。相反,名词 mark 出现的频率较低,因而吸引的显著搭配较少。总之,make 和 mark 的搭配在数量的多少上很不相同。因此,与 mark 相比,make 有更多的机会为任何构式的语义做出贡献。另外,由于词汇上充分说明的复杂构式不如其成分词频率高,因此搭配集也相对较小。一个高频词的搭配和由该词组成的构式之间往往会产生重叠,在默认的情况下这种重叠的比率极高。就 make DET mark 而言,R 实际上达到 1.0。也就是说,make DET mark 吸引了 33 个显著的搭配。与 make DET mark 有关的所有这些搭配,都与 make 的搭配集共享。换句话说,如果只是解释构式语义的多少,那么,make 对 make DET mark 的语义贡献被认为是极其高的。但是,如果反过来看,我们会发现 make 只是贡献了其意义潜能的一小部分。就是说,make 与 make DET mark 共享 33 个搭配,仅占其搭配集中 4 234 个搭配的一小部分。从这个意义上来看,需要重新评估 make 和 make DET mark 之间的语义相似性。具体方法是,将 R 值和共享值相乘,就可以得到精确的数值。

对于 mark 来说,情况就不同了。mark 的搭配集合和 make DET mark 的搭配集间的重叠结果为 31。与 make 相比,mark 表现出了极高的语义贡献率。在这里,mark 总共吸引了 298 个搭配,并且在这 298 个搭配中,31 个搭配共享相对较高。也就是说,虽然 mark 出现在如此众多不同的语境中,人们甚至不会提及 make 和 make DET mark 之间特别紧密的语义关联,但是,由于 mark 在语义上与 make DET mark 构式有更多的结合,因此与 make 相比,mark 与 make DET mark 在语义上更加相似。

一个构式 C 的语义合成性总值指的是该构式所有成分词 W(如在 V NP 构式中的动词和名词短语)加权贡献的总和。加权的 R 测量方式,清晰地再现了对习语分类的期待。加权的 R 不仅可以用于评估 V NP构式的语义合成性,而且实际上可以应用于所有的构式。另外,加权的 R 可以作为有用的定量分析工具,解决构式语法和认知语义中的相关问题。例如,加权的 R 可以作为语法化过程初期的一个函数,用于量化动词的语义模糊程度。

(二) 习语的形式行为测量

之前的研究大多关注习语的句法灵活性,不太理会习语的形式行为。Wulff(2008,2013)从基于用法的角度出发,认为习语的形式行为和语义行为一样,对理解习语构式起着至关重要的作用。Wulff 认为,形式行为的测量方法应该是最大限度的数据驱动(data-driven)。从某种意义上说,某一构式在句法构型、词项插入或形态灵活性方面并不存在固有的期望。相反,这些构式范畴是在对语料库数据的大样本进行观察的基础上,通过自下而上的方式产生的。作为整体,这些范畴组成了构式的形式行为侧面(formal behavioral profile)。

依据例①数据中所列举的形态、词汇或句法变化,并对 39 个 V NP构式中所有 13 141 个例子进行编码,Wulff 提出了测量习语的形式行为侧面的方法。依据数据驱动方法,Wulff 发现了 18 个变量,可以用来测量句法行为的方方面面。这 18 个变量包括句法构型的实现、不同层面的词汇-句法行为(如副词的存在或者名词前的性质形容词),以及英语中可能的形态变化,包括时、体、人称等。(有关这些变量的详细情况,可以参见 Wulff 2008:151—153)在确定变量的基础上,Wulff 进行了随机抽样,对形式行为侧面进行比较。随机抽样是在每个构式的形式行为侧面与作为基数的 1 151 个 V NP 构式中进行的。更具体地说,针对形式行为 18 个变量中的每一个变量,通过给定构式与 V NP 构式基数的离差,确定每个变量层面所获得的信息被转换成综合指标的情况。为了阐明这些不同变量层如何被加权,Wulff 详细观察 foot DET bill 在时态方面的形态变量及其行为侧面的情况。然后,对每个变量层所观察到的频率(n_{obs})(观察频率)与从 V NP 的基数(n_{exp})中得到的期待频率进行比较。在此基础上,对所观察到的频率和所期待的频率之间的离差求平方值(SSD)、相加、正态化(NSSD)。

值得注意的是,如果将观察频率和期待频率的偏差开方,可以再次产生不同变量层面贡献的加权,使其与构式的前提相一致。小的方差对总值基本不起任何作用,而大的方差则起更大的作用。

5.1.3 ▶ 构式是习语

关于构式是习语的观点,主要要考虑两个方面的问题。第一个问题是习语变异与习语性之间的关系;第二个问题是有关构式扩展的问题。

(一) 习语变异与习语性之间的关系

从基于用法的构式角度研究习语常常会产生另一个问题:构式在语料库数据中常常表现出构式的习语变异(idiomatic variation)。构式的习语变异反映了构式的语义和形式与本族语者对构式习语性评估之间的关系问题。本族语者对构式习语性评估是指说者的心理语式(psychological construct)。基于用法的方法认为,习语性判断至少部分基于说者对与构式行为有关的语言环境所做的加工。如果构式行为的语言环境与习语性判断相关,那么,说者对习语性判断的强度如何?

要探讨这个问题,可以采用多元回归分析方法(multiple regression analysis),计算每一个 V NP 构式的加权 R 值。这里的加权 R 值代表 V NP 构式的语义行为和 NSSD 值。具体做法是:将代表构式行为侧面的 18 个形式行为的各个因素作为自变量,将这些构式规范的习语判断(normed idiomaticity judgment)作为因变量。将所有的变量考虑进去,就可以解释平均习语性判断中接近 57%的方差。这是高度显著的结果,能够证明变量和判断之间牢固的关系。具体地说,回归分析能够为所有变量提供 β 权数(beta weight)。就总方差而言,β 权数越接近 1,该变量就越重要。如果 β 权数是 +.22 的变量,说明该变量至少能够对 5% 的方差做出解释,因而该变量被认为是相关的。具体解释可参见 Wulff(2008:150—156)。

总之,在判断 V NP 构式的总体习语性时,说者似乎依赖多种参数,同时特别关注动词的形态和词汇-句法变化。另外,多因子分析(multifactorial analysis)也表明,短语树句法(tree-syntactic)特征和语义特征发挥了重要的、但又是次要的作用。因为,这个结果与广为认可的假设相反。普遍认为,习语性最具决定性的参数是合成性,合成性是关键参数。但上述发现表明,语料的测量方法和判断数据之间存在紧密的相关性。这一发现支持了基于行为的语言研究方法。

(二) 构式的扩展

所谓构式的扩展,是指一个或然的、复杂的信息如何得到应用,以及如何进入现有构式的图式模型。我们知道,构式主要依据其垂直轴得到详细说明。创造构式多样化的主要过程是沿着构式的垂直轴,产生去词汇化(delexicalization)(或图式化)的过程。在某种程度上说,习语化是与去词汇化截然不同的概念。一个构式的习语性程度越强,其形式和语义越不规则,那么这个构式就越不太可能去词汇化。换句话说,在从搭配到习语的习语短语连续统上,如果一个短语越具有习语的性质,那么该短语就越不具有去词汇化的潜能。

从这层意义上说,构式可以沿水平轴扩展,如图 5.1 所示。在水平轴与垂直轴相交处,可以产生复杂构式,即词汇得到充分说明构式。更具体地说,我们可以将构式看成是超越词层面的分支,从而打开一个象限空间(quadrant space),并依据图式性和习语性的程度,在该空间中对构式进行定位。因此,一个短语构式在水平轴上的位置越靠近垂直轴,该构式在语义和句法上就越规则,如 writer a letter;一个构式形式上越固定、语义上越不透明,该构式在水平轴上的位置就离垂直轴越远,如 take the plunge。

一个构式的整体习语性越高,与其词汇构式的联系就越少。例如,take the plunge 不仅语义上很不规则,而且形式上非常受限制,因

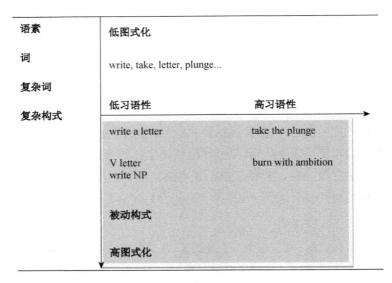

图 5.1　扩展的构式表征（Wulff 2008：167）

此,该构式的整体习语性程度高;相应地,take the plunge 与 take 和 plunge 的词汇表征存在的关系就显得极其微弱。另一方面,write a letter 在形式上和语义上都很规则,因而与垂直轴往上的 write a 和 letter 的词汇表征的联系相对更强。同样,write a letter 与 write 和 letter 相关的其他词汇构式之间有更强的关系,如 type/compose 或者 email/paper。这一现象也表明,write a letter 最有可能成为后续图式化的候选人。

Wulff（2008：169）强调,像习语性这样表面上复杂、需要凭直觉判断的现象,可以基于行为数据（performance data）建模,从而进一步提供语法和用法之间相互作用的证据,提供与真实语言研究相关的例证。

|5.2| 将来构式

在西方语言中,时间的表达方式之一是通过句子主要谓语动词的时态来表示。将来时是英语语言时态系统中表达将来行为的语法单位。这些语法单位通常用英语中的 will, shall, be going to 等表示。这些语法单位经过长期使用已经规约化，成为表达将来义的将来构式。《日耳曼语的将来构式：基于用法的语言演变研究》一书是 Martin Hilpert 于 2008 年出版的研究成果。该书从基于用法的语言理论视角，剖析了日耳曼语谱系中将来构式的演变情况，为基于用法的构式语言研究提供了观察时态构式的理论视角和方法论启示。以下我们对该书的理论与方法、将来构式的语料库研究及词位和语法化路径方面进行介绍。

5.2.1 ▶ 将来时和语法化

将来时的语法范畴与现在时和过去时很不相同。世界上的事件可以先于或晚于讲话时间，或两者碰巧同时发生。虽然完全通过词汇项目 yesterday, now, in five minutes 也能表达这些时间关系，但是，许多语言通常采用语法标记，表示某个事件时间和讲话时间。表达这些时间关系的语法标记，构成了时态语法范畴的实例。在谈论时间时，这些语法标记在某些方面与词汇手段不同。比如，表示时间的语法标记通常带助动词形式，或者主要动词带屈折词缀。将来时态标记或将来标记是讲话时间后发生事件的语法形式。将来构式用于表示处在不定式动词补语的图式槽位中的将来助词。

Hilpert(2008)对将来时界定时，拒绝接受一个形式要么必须是时态标记，要么必须是情态标记的传统观念，既没有单从形式也没有单从语义出发，而是采用了构式主义方法的构式观，主张将来构式具有多功能性的特点。

在语法化研究中，将来构式一直作为一个重要的研究对象受到语法化研究者的关注。英语中的 be going to 将来构式就是一个典型的例子。事实上，将来构式也是一个不断演化的构式(见图 5.2)。

图 5.2 显示，除了"能力"外，所有的词汇来源，包括义务、欲望、(从哪里)来、去(哪里)，都直接变成了意图标记。据此，Hilpert(2008)采用 Heine 的语法化路径探讨日耳曼语中的将来构式，目的是从跨语

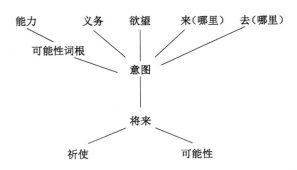

图 5.2　将来标记的主要语法化路径(转引自 Hilpert 2008:6)

言的角度论证将来标记形成的共性特点,同时又从实证的角度论证将来构式所经历的历时演变。

该书采取综合的方法,统一处理基于词汇的将来和基于体的将来,目的是更深入理解每一种语言中不同将来构式之间的语义分工。通过对同源构式在语法化中的跨语言相似性和差异性的分析,该书旨在发展中间基础(a middle ground),即基于广义类型学研究、单一语言中将来构式的综合研究和两种语言间单独将来构式的对比研究。除了跨语言相似性和差异性的分析外,从语言内部对两种不同将来构式进行比较也是非常有效的,并从实证的角度对语法化理论进行重新评价。

基于以上目的,Hilpert 以丹麦语、荷兰语、英语、德语和瑞典语为研究对象,探讨这些语言中在词源上相关的将来构式,分析考察将来构式的语法化及共时使用。具体地说,该书采取共时和历时视角,对将来构式进行跨语言和语言内部的研究。图 5.2 的语法化路径是在广泛的跨语言数据的基础上提出来的,目的在于发现跨语言的普遍性。这种普遍的语法化路径也可以被看成是实证研究的假设。以下是有关构式的 6 个假说(assumption)。

假说 1:语法知识是构式知识。

语法在心理上表征为一个大型的、结构化的、抽象程度不同的、象征的形式-意义配对。将来构式可以被理解为这种形式-意义的配对。

将来构式的描写不需要依据其他时态标记构成的范式,但需要把将来构式视作一个象征单位来考虑。

假说2:语法知识是基于用法的。

语法的心理表征是基于用法的。随着每一个口语和书面用法事件的产生,说者的语法也随之发生改变。这一假设允许将来构式基于现代语料库和历史语料库进行研究。

假说3:构式是多功能的。

构式,尤其是话语频率很高的语法构式,具有多功能性。因此,形式和意义之间的对应不是离散的一对一映射,相反,一个形式可以映射到相似的、认知上相关的意义上去。

假说4:构式的形式是有理据的。

语法形式是有理据的。语法形式的理据性以人类认知和社交互动为基础。因此,将来构式的语法化来自表示将来时间指称意义的词汇,而这些词汇在认知上与将来时间指称意义相关。另外,形式相似的构式也在意义上表现为相似性。相反,形式上的不同将会产生意义上的差异。因此,可以假定不同的将来构式会传达不同的意义。

假说5:构式的共时用法反映了构式的历时性。

任何一个构式的共时多功能性都能反映那一构式的历史发展脉络。这并不是说,历时发展能够依据共时数据得到充分的重构,也不是说,共时意义可以不考虑真实的历史数据,共时用法只能充当构式早期发展的假设。

假说6:语法构式的发展是有规则的。

语法化理论主张,语法构式的语义和句法变异按照规则模式发生变化,这种规则模式可以被看成是变化的单向路径。虽然单向性偶尔也有例外,却是一种强有力的变化趋势。另外,语义变化也具有跨语言规则性。可以假定语义渐变体(semantic cline)源自用法,而用法反过来又受制于人类认知和互动的一般特征。

依据上述理论假说,可以假定将来构式具有4个特点。具体的假设(hypothesis)如下:

假设 1：将来构式是从意图标记发展而来的；

假设 2：基于义务的将来是弱认知情态偏向的标记；

假设 3：将来构式经历了单义阶段；

假设 4：体将来是语用上的，而不是语义上的。

5.2.2 ▶ 理论和方法

该书从构式语法的视角讨论将来时这个语法范畴概念，采用 Goldberg(2006)有关构式语法的核心思想，并将其作为研究的主要理论依据，特别强调由现在时和过去时发展而来的将来构式及其特点。

（一）构式的特点

随着过去几十年的发展，构式语法已经发展成为有着许多共同假说的句法理论。其中一个假说是：语法是一个巨大的、由形式-意义配对的象征清单。（Langacker 1987：57）因此，语法描写的基本单位是构式，包括语言的各个层面，从独立的语素到形态上复杂的词、完全或部分填充的短语习语和句子层面的格式。依据 Goldberg(2006：5)的定义，构式语法中的构式具有以下特点：

（1）即使是抽象的格式也能够与意义联系起来。这一主张意味着心理词库和独立的句法成分之间不存在原则上的区分。

（2）与构式清单密切相关的一个假说是"高度结构化"。也就是说，构式清单不是一个任意例外或不规则的集合。在构式清单中，语法知识不能分为由规则和例外组成的列表，而是一个由完全具体到高度抽象的图式组成的构式网络。

（3）构式在语言语义和语用意义之间没有绝对的区分。传统属于语用领域的许多现象，都可以规约化地与语法构式相联系。

（4）构式语法采取了无同义性原则（the principle of no synonymy）。该原则指出，形式上的差异总是能转变成意义上的差异。

（5）所有的构式语法方法都区分构式与语式。构式是抽象的图式实体，可以为语式提供蓝图，语式是真实的用法形符。将来构式是"助词+不定式动词"构成的图式槽位。例如,字符串 will come 就是该图式的实例,因此 will come 是一个语式。

(二) 方法上的综合

在过去的几十年里,语言理论出现了3种相互融合的方法。

第一种是语料库语言学。语料库语言学是将语料库方法与语言研究结合起来的方法。语料库语言学从最初的一种语言研究方法,发展成为一种独立的语法理论。语法的基于用法模型表明,频率效应渗透到语法的每一个领域。可见,语料库语言学方法为基于用法的构式语法研究提供了契机。

第二种是语法化理论。语法化理论目前已经成为历史语言学中最具多产性的研究范式。语法框架(构式)与基于用法的语料库方法融合,形成语法化与语料库语言学两个领域的相互补益。这种互补能够促进语法构式研究的发展,尤其是构式语法的历时研究发展。

第三种是构式语法。构式语法目前已经发展成为比较成熟的认知句法理论。构式语法的一个基本主旨是:构式,作为规约化的语素序列,具有直接的语义表征。将来构式是构式的一种基本现象。将来构式是具有丰富意义的语言形式,这些形式的意义通常是指超越将来时间指称的意义。将来构式丰富意义的产生与发展,需要结合语法化理论和语料库语言学方法加以综合考察,了解该构式发展的每一个细部。

Hilpert(2008)将三种方法融合进行研究,有利于深入了解英语中的 be going to 或德语中的 werden 这样的将来构式,为日耳曼语中将来构式的发展和现代使用打开了全新的视角。

因此,该书采用了基于用法框架内的定量方法。基于用法的框架对历时和共时都很敏感。这样做的主要原因是:语料库数据通常被看作是语法心理表征的窗口。在基于用法模型中,频率数据起着至关重要的作用。这是因为,语法的心理表征来自经验,而不是来自内在的语言原理。语料库数据所代表的用法具有双重作用,既可以作为语言使用的结果,也可以作为语言学习的输入。

同时,该书采用了定量语料库分析工具,分析日耳曼语中的将来构式。具体分析工具涉及构式搭配分析的三种方法(见 4.2)。这三种构式搭配方法主要用于探讨构式与词汇项目的关系。简单共现词位分析法用于探讨一给定构式的搭配偏向。显著性共现词位分析法用于对比两个或更多个构式的搭配偏向。该书没有采用互为变化的共现词位分析法,而是在显著性共现词位分析法的基础上进行了拓展,提出了一种新的方法:历时显著性共现词位分析。该方法是构式搭配分析方法的扩展(见 4.2.3),目的在于探讨一给定构式在不同时间阶段搭配偏向的转移。

为了获得可供分析的语料库数据,该书依据构式语法有关最大理据性原则,采用共时语料库和历时语料库作为数据来源。共时语料库的优点在于,该类语料库的数据涉及不同类型体裁,包括转写的口语体裁中的数据和书面体裁中的数据。历时语料库的优点在于,该类语料库能够提供连续时段的可比文本,对不同时间阶段文本中出现的语言现象进行直接比较。即使数据中时段并不连续,也可以组成历时数据库,从而对数据库中的语言现象进行历时比较。

(三) 比较与分析

该书采用构式搭配方法,对相同语言中的不同将来构式进行了比较,同时对同源将来构式进行了跨语言比较,分析了不同词汇来源语法化的将来标记,如 will 或 be going to。该书提出假设,认为这些将来标记在不同的搭配语境中发生并得到发展。因此,需要寻找综合共时和历时模式,对各自的搭配模式进行分析,目的在于比较现代用法中不同构式的搭配偏向,以便更好地理解这些构式的使用情况,这些构式所表达的将来事件的类型,以及这些构式所传达的额外意义。搭配模式的历史研究,有利于发现构式在语法化过程中起重要作用的搭配类别,从而根据一般意义,如移动、意图或义务,再现一个比语法化路径更加具体的场景。具体做法如下:

第一,单语中将来构式的比较。

(1) 比较两种瑞典语将来构式。具体做法是采取共现词位分析法,对瑞典语中 ska 和 komma att 这两个将来构式的共时用法做比较,考察这两个构式的现代用法,比较现代用法中的搭配偏向。分析显示,komma att 的语义范围相对狭窄,并不包括 ska 所发现的意义,即义务、认知和说者取向的情态意义。相反,komma att 表现为对即兴发生的将来事件的偏向,有未完成体的特征。

(2) 比较英语 shall 和 will 的语法化。对同一语言中两个构式的历史发展做比较,并从历史的角度,提供英语情态动词 will 和 shall 用作将来标记过程中搭配偏向的转移。同时采取历时显著性词位分析方法,考察从 16 世纪到 20 世纪英语中带不定式补语的将来构式 shall 和 will 的发展情况。

第二,跨语言将来构式的比较。

同一语言中将来构式之间的差异表明,不同将来构式在显著性构式搭配偏向上存在功能差异,产生差异的原因与构式参与劳动的语义分工有关。由于单语中的构式化路径同样适用于跨语言的构式化,因此,单语中的分析方法同样适用于跨语言比较,即词源相关的将来构式的跨语言比较。对同源构式的比较与语法化理论相关,因为对同源将来构式(cognate future construction)的比较能够论证普遍性假说:语义上类似的词汇项目其语法化形式也相同。具体地说,表达将来概念的构式,即使是起源上不相关的语言,但从历史上来看,都由一个表示"go"义的动词派生而来。这说明,这些将来构式的发展,遵循了跨语言普遍性的路径。

该书首先比较了现代用法中丹麦语的 ville 和英语的 will,然后比较了荷兰语 gaan 和英语 be going to 的语法化。

上述个案论证了共时和历时构式搭配方法在跨语言比较中的可操作性,同时得到了区别于之前研究的结果。研究显示,即使是在非常密切相关的语言中,同源将来构式的现代使用和历时发展在跨语言中还存在很大差异。这一发现表明,一个语法形式不能仅仅从词源来判断。移动动词的将来时态标记,具有跨语言的共同来源,但这并不意味着这些将来构式可以传达相等的意义,也不意味着所有这些形式的发展都是并列的、高度相似的。构式的语法化路径具有异质性,并在现代用法中产生不同的功能。更具体地说,语法化的发生是在特定的搭配语境中发生的。用于搭配的词汇语义特征作用于语法化构式的意义。有些语义特征即使在语法化完成后,仍然在构式中得以保留。可见,跨语言中的语法化路径完全等同于单语中的语法化路径的观点并不完全正确。这再次证明了历时构式搭配方法在语法构式历史发展中的解释力。

在此基础上,该书剖析了词位和语法化路径,得出两个基本结论:

(1) werden 和 komma att 这两个将来现在构式尽管各自的偏向强度存在跨语言差异,但都存在对预期的将来事件的偏向。将来事件的目的性(telicity)是一个误导说者使用将来现在的因素,但对终点事件(telic event)的偏向来说,是对完成事件(perfective event)偏向的一个表现。根据认知语法理论,这些事件一般属于内部异质的事件。这些事件内部至少有一个有时间边界,不能无限延伸。虽然一般意义上的基于意愿和基于义务的将来,表现出很强的情态意义,但将来现在则表现出这种体范畴(aspectual category)的亲和力。除了终点动词外,起始动词的范畴也应该被看成是一组重要的因素,即在表示将来的现在时(futurate present)中具有跨语言的普遍性。在两种语言中,具有"开始"(start)或"起始"(begin)意义的成分都在将来现在中属于最具显著性的词位。

(2) 两个构式之间的第二个趋同点:预期的事件或不可避免的事件的偏向。预期事件的概念并不是真的预设一个完成的体范围。毕竟,预期通常表示计划好的将来事件,具有时间边界的限制。在德语表示将来的现在时中,对完成事件的偏向反映了对预期事件的偏向,两者共存。从这层意义来说,将来现在可以被看成是一个独立的构式。

除了采用传统方法未能发现的这些相似性外,显著性词位分析还显示,将来现在的规约化使用方式在英语和德语中存在差异。英语将来现在严格限制在预期的将来事件,而其德语对应体还能够与不同类型的将来时间对应,并对时间有特殊的亲和力,如表达年龄和退休时间。同样,一般语用原则并不能对将来现在用法的限制做出合理的解释。将来现在构式的偏向与特定动词的语义类别有关,尤其与表达时间的动词义类型有关,同时包括与这些时间动词有关的体范围。

从历时的角度看,即使是体将来(即没有从词汇来源中派生而来的将来构式)也可能会获得跨时间的语义内容。例如,starting 的进行时形式表达的是讲话时的开始时间。因此,start 的现在形式可以逐渐与将来概念联系起来并在跨时过程中逐渐规约化。这在现代用法中已经变成了一种共识。事实上,用现在形式表示将来已经在语义上产生了表示将来的动词丛。这些语义丛非常丰富,可以分析为构式,因为它们代表了语言不可预测的、象征的单位。如果要习语性地使用这些构式,就需要学得。这与基于用法的构式语法观是一致的。

5.2.3 ▶ 结论和启示

该书的主要目的是为日耳曼语将来构式的历史和现代用法研究提供新的视角。这个视角是指对构式语法、语法化理论和语料库语言学三个领域概念的综合。因此,该书发展了数据驱动的方法,用于分析语法化的构式,并在方法和理论上超越之前的研究。

该书重点考察了语法化过程中的搭配模式所发挥的作用。语法构式的共时研究认为,任何给定构式的意义都能够从与该构式共同出现的词汇材料中得到反映。本书将构式语法的这一观点进行了发展,并将其延伸到历时研究中。如果共时用法中的搭配对构式的语义特征有所启发,那么搭配模式的历时变化就应该被看成是该构式在语义上的变化。该书解决的另一个问题是,构式搭配是否可以用作语法化实证研究的工具。该书的目的正是想证明这种方法不仅可行,而且成果丰富。

通过搭配分析,该书研究的将来构式表现出了高度的多功能性,能够传达除将来时间指称以外的情态意义和体意义。将来构式的多功能性是一个颇为熟悉的概念,但该书的主要贡献就在于,能够通过搭配模式,对某一给定构式不同功能的典型性进行评价。

由于原始频率分析不能发现现状的变化,因此,针对日耳曼语中将来构式的历时语义发展,该书采用显著性词位分析法,并将其应用于历史数据中。显著性词位分析能够对跨越不同历史阶段的高频搭配进行抽象,然后关注这些已经在历史发展中或多或少显著高频的项目。

这种方法的优点表现在以下两个方面:

(1) 这种方法可以就构式如何发生语义上的历时变化进行解释性分析。在某些例子中,特定的动词类别可以被看成是语法化过程开始的催化剂。例如,带 gaan"go"的荷兰语将来构式,其发展似乎与"移动"和"转移"动词用法的增减有关。在此基础上得到的概括,其范围更加广泛,而仅凭单个选择性的例子所做的分析,是达不到如此具体和翔实的分析效果的。

(2) 这种方法有能力验证或证伪有关将来时态构式的种种假设。将来时态是一个熟悉的领域,不仅受到语法化研究的关注,而且也与时态研究有关,同时也被纳入应用语言学的范式中。将来构式的研究虽然很少有系统的阐述,但也形成了有关解释将来构式的种种主张。这些主张都是在定性层面上,缺少实证数据的支持。因此,构式搭配方法发现的有关将来构式的搭配模式,能够对现有假设进行验证。一个突出的例子就是英语 be going to 构式。一般认为,be going to 传达意欲的将来行为意义。搭配方法能够将 be going to 实际使用,与表达意欲活动的主要动词的使用一起,验证这一假设,并对这一主张做出回应。比如,动词 try,put 和 marry 与 be going to 一起出现的频率显著高于动词 fall 或 faint。

总之,该书围绕词位在构式描写中的作用展开研究,认为词位模式的统计趋势能够揭示语法结构的共时和历时因素。如果一给定构式的分析是依据内省、单独的例子，或者仅仅依据原始频率，那么这些语法构式的因素仍然很模糊。该书的不足之处是没有对变异参数进行分析，包括方言、体裁、社会地位、性别等。所有这些参数都会影响说者在语言变量中的选择。比如说，这些参数会影响说者对将来构式集的选择。为了弥补这一不足，该书采取了基于语料库的历时搭配分析法，有意识地关注对词位所做的抽象和概括。词位不会告诉我们任何事情，但是如果进行系统的研究，词位便会产生丰富的信息。这些信息是采用其他方法的研究所不能提供的。

5.3 语素变体、构词和句法

继 2008 年出版了《日耳曼语将来构式的基于用法研究》一书以后，Hilpert 又于 2013 年由剑桥大学出版社出版了专著《英语中的构式演变：语素变体、构词和句法的发展》。该书作者 Hilpert 凭借多年对认知语言学、语言演变、构式语法和语料库语言学研究的理论功底和实践能力，成功地结合构式语法与先进的语料库方法，形成了观察语言演变的构式演变新方法。该书以个案的形式考察了语素辩题、构词和句法三个不同层面的构式变化，验证了构式语法用于语言演变研究的可行性和有效性，系统回答了构式演变所涉及的理论和方法论问题，对历史语言学研究视角起着十分重要的作用，同时为发展构式研究的用法模型提供了理论指导和方法论借鉴。以下分别从构式演变与语法化的关系、构式演变的主要内容及研究结论与启示这三个方面对该书基于用法的构式语法思想进行简要介绍。

5.3.1 ▶ 构式演变与语法化

语言演变研究一直是历史语言学关注的问题。Hilpert（2008）通过系统的构式搭配方法，从构式语法的视角对语言演变中的语法化问题及其假设进行了全面而深入的剖析，扩大了将定量语料库语言学方法、构式语法中的基于用法的方法和语法化方法相结合的优点。在此基础上，Hilpert又进一步提出了构式演变的思想，并将构式演变看成是语言历时过程中的新方法。(Hilpert 2013a：1)正如语言演变研究绕不开语法化现象一样，构式演变研究也必然在某种程度上接受语法化理论的某些思想。

每一个构式都有自己的历史。即使是来自密切相关的语言中的同源形式，或者两种语言形式都经历了非常相似的发展，如英语的shall和瑞典语的ska，这些形式在各自的历史用法和当前的用法中都表现出不同程度的差异。(Hilpert 2008)shall和ska都是从表达将来事件中发展而来的形式，但同时这两种形式还表达许多其他意义，两个形式在功能上的重叠是非常有限的。将构式方法与历时研究方法结合起来，主要原因是将语法变化看成是许多象征单位个体变形的总和。

如果说构式仅仅代表了语法构式，那么，构式演变在很大程度上是语法化的同义词，即词汇项目和构式在某种语言环境中为语法功能服务，而且一旦这些项目语法化，就会继续发展成新的语法功能。语法化可以理解为在构式形式和意义表现中的一系列过程。音位缩减、重新分析、合成、语义弱化、语用加强是构式语法化过程中所经历的5个显著发展的阶段。这5个阶段要么彼此结合发展，要么独自发展。构式演变与语法化相比范围更大。具体地说，构式演变包括词汇化、句法演变过程、派生过程及与语法化不相关的频率过程。概括地说，语法化和构式演变存在4个方面的不同：

第一，超越语法化的构式演变。

基于Goldberg(2006)的定义，该书将词汇项目包含在构式范围之内。这里的词汇项目涉及处于构式演变范围内的词汇语义变化的所有表现。有些语义变化的投射严格地限制在词汇层面上：从大类(class)语义缩小到语义的一个次类(subtype)。如英语中的hound，从来不被理解为经历了语法化的构式。语法构式可能也不再为hound提供给定范围内的某些语义，同时，该词的系统语义缩小也没有发生。另一个例子如评价意义的发展。通常情况下，语言的评价意义与词汇成分有关，而不是与语法成分有关。比如，nice表达改进过程，经历了从 foolish 到 pleasant 的发挥过程。silly 则经历了从 deserving pity 到 foolish 的过程。这种改进过程主要与词项的意义有关。因此,构式演变包含了直接保留在词汇内部的过程。即便该书聚焦语法和语法演变领域,但与语法化相比,构式演变仍然是一个广义的概念。该书认为,构式演变概念应该被理解为在比较中的发展。就是说,构式演变既可与一般的语言演变做比较,也可与具体的语言演变做比较。(Hilpert 2013a:10)为了论证此观点,该书认为首先需要弄清楚构式演变概念比语法化概念范围更广的原因。

许多语法化的定义将词序变化排除在外。而有些被语法化排除在外的词序变化,实际上与构式演变有关。在英语历史中,出现了第二个动词(V2)限制丢失现象。通常认为,这种 V2 丢失现象不属于语法化现象。从构式语法的角度看,V2 丢失可以被视为普遍句法构式的退化。随着历史的发展,V2 失去了它的普遍应用性。在现代英语中,V2 只出现在一些具有文体标记的"V2-残余"(V2-residual)构式中,如方位倒装(③a)或否定倒装(③b)。

③ a. Into the room walked Noam Chomsky.

　　b. Never would I leave you.

因此,在语言演变中存在某些句法改变(例③),这些句法改变不能直接在语法化框架内得到解释。尽管这些句法改变不属于语法化范围,却属于构式演变的一个实例。

上述例子说明,构式演变与语法化有关,但构式演变的范围更广。构式演变能够解释很多语法化所不能解释的现象。同时,构式演变还包括词汇化所不能解释的现象,比如词的内部变化,尤其是词的意义所发生的转变。

第二,超越构式演变的语法化。

语法化研究一直关注范式化(paradigmatization),强调范式化的重要性。具体地说,语法化构式向范式形成的方向发展,或者说,语法化构式已成为现有范式的组成部分。范式的形成是判别语法化走向高级阶段的标准。语法化与其他类型的语言演变过程不同。两者的主要区别就在于,构式类型的演变是对说者所表达的抽象语义对立进行编码的过程。语法化的结果指的是说者所说语句中必须包含的内容,如果没有这些内容,所说的语句就不合语法。也就是说,语法化的范围已被缩小,专门指时、体、情态、数、人称范畴。语法化是按范畴进行组织的,目标在于表达义务。按照这种观点,英语中缺少范式对立的构式,如 way 构式、let alone 构式、the Xer the Yer 构式,就不在语法化的范围之内。从定义上看,范式是几个形式多对多映射到多个意义上。这种多对多映射可以被理解为一种抽象构式,类似于宏观构式。因此,英语情态助词的出现,可以被看成是一般情态助词构式的产生。这类一般情态构式有多种表达形式,如 might, could, would 等。一般情态构式与核心情态意义的多个模块有关。

由此看来,区分语法化和构式演变的关键在于说者在语言变化中的作用。构式演变强调说者在语言演变中所做的概括。该书的基本观点是,并不是所有的语言概括,或者仅仅是做了概括,就可以被看成是构式的。这里的概括包括几个方面,可以是说者的第一性概括,也可以是语言学家所做的第二性概括,还可以是语言形式本身的静态概括。如果确实存在一个非常普遍的宏观构式,那么,就需要有证据证明,说者是否真的依据这一宏观构式做出自己的概括。实际上,这里涉及范式的形成过程,或者说是宏观构式产生的过程。宏观构式可以被看成是由总数构成的,即由多个形式相互作用而产生的。多个单独的构式演变,或者说是低层次构式演变,构成了宏观构式的总数。概括地说,有些语法化解释超越了构式演变的范围。因此,就概括范围而言,语法化所做的概括范围更大,包含的抽象更多,远远大于构式层面上的构式演变。

第三,构式演变和语法化并不共存。产生这一观点的一个重要原因就是频率作用。也就是说,频率作用不完全适用于语法化。事实上,即使在频率增加缺席的情况下,语法化也会产生,有时甚至在频率增加滞后的情况下语法化也同样会产生。(Mair 2004)频率变化是构式演变的一个必然过程。虽然频率的发生也伴随语法化的发生,但频率不一定成为语法化不可分割的组成部分。

例如,语言中,有些语法构式逐渐失去其用法,或不再使用,因此,这些语法构式逐渐表现出文本频率降低的现象。这种现象可以被看成是一种构式演变,但是,频率减少并不直接与语法化有关。另外,文本频率仅仅代表了一种频率数据。构式在结构和功能变体方面的相对频率才是构式演变研究的主要内容。总的说来,频率变化作为语法化的伴随物,并不能穷尽构式发展过程中所观察到的频率变化的范围。因此,可以说,频率变化是构式演变这一概念产生的另一个原因。

第四,构式演变观念与语法化理论并不重叠。语法化理论中有根据更高一级的语法原理界定语法化的理论,构式在语法化理论中并没有应有的地位。例④显示,连接词 while 编码共时性(④a)和对照关系(④b)两种意义。

④ a. While it was raining, I stayed in the library.

　b. While it was raining yesterday, it is sunny today.

例④表明,虽然 while 经历了反映语法化的意义变化,但是仍然有理由说明,这两个句子具有结构上的类比性。如果 while 可以根据向上、向左的重新分析,那么 while 就属于句法演变。也就是说,while 从低一级的句法节点向高一级的句法节点移位(movement)。在缺少理论取向的情况下,例④完全可以被看成是句法范围内的变化,而不是语法化的例子。

实际上,句法范围的增加是语法化的一种普遍现象。但同时,句法范围的增加又不能作为语法化真正的界定标准。可见,语法化和构式演变并不共存。构式演变和语法化是独立存在的两个概念。有鉴于此,该书对构式演变这一数据进行了界定:

> 构式演变选择性地抓住了一种语言中规约化的形式-意义配对,并使其发生改变,这种改变不仅发生在形式、功能、频率方面,也发生在语言社群中的分布方面,或者说发展在上述现象的结合方面。(Hilpert 2013a:16)

该书对"构式演变"所下的定义,可以从以下几个方面加以理解:

首先,该定义说明,构式演变沿着某个象征单位运行,并在其后的语言系统中产生波纹效应(ripple effect)。构式演变的实例是个案性的,即一个新的形式出现,传达一种规约化意义。英语中的 let alone 构式就是一个典型的例子。(Fillmore, et al. 1988)经历了变化的象征单位,要么在功能极或语义极上发生改变,要么在该象征单位的形式极上发生改变。当然,根据构式的定义,功能和形式两个极都会同时发生改变。

其次,该定义进一步说明,一个构式的频率变化可以是多方面的。频率变化不仅涉及文本频率,更重要的是与构式的功能和结构变体的相对频率有关。例如,介词 over 这个多义形式,经历了许多意义的相对频率的变化。这些频率变化会使说者头脑中代表此构式的大量范例发生变化。即使一种变化不能创造新的功能,或者不能产生新的结构,相对频率的重新安排,仍然会对构式变化产生影响。

最后,这个定义承认语言使用中的社会语境。也就是说,即使在功能、结构或频率变化缺席的情况下,构式也有可能改变其分布,因为不同的说者群体或不同的文本体裁之间也存在分布上的不同。另外,根据上述定义,构式在许多方面的变化同时发生,是一种常态,而不是例外。要充分理解构式演变的过程,就需要同时对许多不同的变化参数进行解释。

5.3.2 ▶ 构式演变的维度

该书从语素变体、构词和句法三个方面的构式变化进行了个案研究,旨在验证"构式概括可以出现在图式的任何层面"这一假设。

(一) 语素变体的变化

语素(morpheme)是一个单词中最小的音义结合体,即意义或语法功能的最小单位。语素有自由语素和黏着语素之分。语素变体(allomorphy)则是同一语素的不同表现形式。从构式演变的角度看,同一语素内部的不同变体反映了词在内部结构方面的变化。探讨同一语素不同变体之间的变化,有利于发现语素变体的构式演变路径。从构式的角度看,"语素变体可以被理解为构式在语音极上的音位变异"(Hilpert 2013a:75)。为此,该书以英语物主限定词 mine/my 和 thine/thy 为个案,探讨语素变体相似的两个形式是否源自同一构式。个案以带鼻音的 n- 变体和不带鼻音的 n-less 变体为因变量。

由于现代英语在日常用语中已很少使用 thine/thy 表示第二人称所有格,因此,采用的语料库内容应与早期英语相关。该书以潘氏中古英语语料库(The Penn Parsed Corpus of Middle English,简称 PPCME)与潘氏早期现代英语语料库(The Penn Parsed Corpus of Early Modern English,简称 PPCEME)为来源,分析 1150—1710 年间 18 578 个案例,大致分为 R1—R7 七个阶段。分析方式采用了基于变异性的邻近聚类法(Variability-based Neighbor Clustering,简称 VNC)。也就是说,该书采用了自下而上的方式,获得 n-变体逐渐丢失的七个 VNC 阶段。个案以专门考察句法变化的历时语料库 PPCME 和 PPCEME 为数据来源,分析各构式及对应的 n-less 变体的使用频率、使用对象、文本、退化特征,并根据各时期发展变化进行归纳。若出现孤立无关联的案例,为保证精确,则将该案例连同具体年限从统计中剔除。

在此基础上,个案围绕时间和人称变量,采取变异分析方法和二元逻辑回归统计方法,对语素变体的音系环境、重音模式、形态句法启动、正式度、性别和语法人称等变量进行了考察。

研究结果显示,第一人称 my 的数量和使用频率大致都呈现递增趋势,mine 在 1250—1350 年间数量上升最快,之后出现频率呈锐减趋势;第二人称 thine 数量与频率几乎都呈现递减趋势,thy 数量上曾在 1350—1420 年与 1570—1640 年两个时期经历高位,频率始终保持上升趋势。语符是否带有鼻音(即 n-less 语符)在历时演变中呈现不同差异。如 my/thy 这类不带鼻音的语符增长势头远远高于 mine/thine 这类带有鼻音的语符,即存在去鼻音化的发展趋势。

该书从构式演变这一理论高度,对上述语素变体进行了分析,并从理论上提出了需要回答的问题:语素的发展是否形成一个单一的、统一的构式演变,或者是否有证据表明,从 mine 到 my 以及从 thine 到 thy 的变化,实际上是独立发展的。具体地说,这个问题关乎在历史演变中,什么才能称为构式的问题。由于构式语法的诞生是以共时为取向,对"构式"这一术语的界定主要是把握共时用法中一语言格式是否构成构式的问题。历时的视角改变了对构式共时观的认识,关注构式的动态发展。从共时的角度看,be going to 是当今英语中一个表示将来的构式。但是,从历时的角度看,就需要确切了解 be going to 这个格式是从什么时候开始成为构式的,这不是共时层面上的定性能够完成的,需要有量化统计才能实现。更为复杂的是,两个不同的形式,如 mine 和 thine,在说者头脑中是否具有概括性。因此,从历时的构式演变角度,采取实证的方法,就可以确定这两种形式在历史发展中是否表现出相等或类似的变化,是否呈现不同的结构和社会变量。如果观察到的结果相同,那么就完全有理由说,这是一个单一构式的演变。

实际上,该书研究发现,mine→my 及 thine→thy 是同一构式的不同实例,是说者对变体形式的聚合子集所做的构式概括。n- 变体右侧搭配的相对频率分布表明:"构式演变沿异质路径发展,且同时受多种互动因素的影响。"(Hilpert 2013a:106)

(二) 英语派生形态的构式演变

构词法(word formation)主要研究词形变化与其规则,故又称形态学(morphology)。

名词化后缀-ment 是一个有着悠久历史的词缀。从诺曼底征服开始,许多由-ment 结尾的法语名词与英语动词词干结合,产生了一个具有能产性的/生成性的构式。由于-ment 与动词词干的亲近性,因而被称为 V-ment 构式。大型语料库显示,V-ment 构式现在用法中有数百种构成方式。除了维持这种高类符频率外,V-ment 构式在历史发展过程中的能产性已经越来越弱了。也就是说,在当今英语中,V-ment构式被称为是非能产性构式。

为了更好地理解V-ment构式的发展情况,该书以V-ment构式为个案,分析考察构式子图式及其相互关系在派生形态演变中的情况。个案以OED为数据来源,依据OED显示的时间,按V-ment构式的扩展能产性,将数据划分为5个VNC阶段。在此基础上,确定各时期V-ment构式新类型的数量及固化的V-ment构式类型的数量。然后,个案采用等级性配型频率分析(HCFA)方法,沿着VNC外部变量,对包括词源、词干类型、分支结构、及物性和语义类型在内的结构和语义方面的变量(内部变量)进行分析。

具体地说,该书共收录了从1250—2000年间1 407种V-ment构式类型。该构词法在1400—1649年间曾有过飞速发展,之后逐渐衰落。接下来运用VNC对不同时期V-ment构式进行分析,认为形态能产性(morphological productivity)能够反映出形态构式的特征。该书设计了测量能产性的标准,包括6个方面的内容,即既有能产性、类符频率变化、规范的类符频率变化、潜在能产性、扩展能产性和整体能产性,并分别对应构式数量的总和。其中,扩展能产性能够最大限度地对数据进行分析,更为精确地解决构式发展的实效性问题。也就是说,扩展能产性分析并非针对已固化的类符频率变化进行分析,从而能够实时观察并解释V-ment构式促进词汇发展的情况。

在此基础上,该书还对V-ment构式在历时演变中形成的变体进行了统计。V-ment构式变体情况主要从以下几个方面展开调查:

(1) 词源:借词法、派生法;
(2) 词干类型:动词性、形容词性、名词性;
(3) 分支结构:二元性、左分支、右分支;
(4) 及物性:及物、不及物;
(5) 语义:动作、结果、方式、地点。

分析显示,自诺曼底征服以来,V-ment经历了从法语中借词,后经归纳形成众多变体。之后V-ment这一类型逐渐减少,既有成词便固化下来；对于一些边缘性的例子，该书提出了类比的观点，认为即便不存在构式图式，通过类比的方式也可以创造出新词。这种过程既涉及语法化，也涉及词汇化，因此需要将两种角度相结合进行分析。

研究进一步发现，"V-ment 构式的概括性没有增强，具体性也没有增加"(Hilpert 2013a：153)。虽然宿主类范围逐渐变窄，但变窄的过程又不系统。也就是说，V-ment 构式的历时变化并没有严格按单向性发展，因而不属于语法化范畴。可见，V-ment 构式本身不具独立构词能力，而影响该构式发展的因素是其子图式能产性的高低。研究结果验证了构式子图式在构词中的工具作用及在构式形态学中的重要性。

（三）句法构式演变，追踪构式家族的历史

句法(syntax)的研究对象是句子，包括句子成分、结构及排列顺序。该书以让步插入语(concessive parenthetical)为个案，考察不具有语法化特征的句法构式演变情况。让步插入语构式是指插入于母体小句中的"缩减让步从句"(Hilpert 2013a：155)。具体地说，该个案选择了英语中的让步插入家族作为研究对象。这里的构式，主要是指让步从属连词与表语成分结合，形成一个对主要小句的插入性的添加。表语成分主要是形容词，也可以是名词或动词。

⑤ a. Although rare, family violence did occur.
　b. Power, while important, is not everything.
　c. Dragon is fast, if imperfect.
　d. Although a Democrat, Salazar has support from many Republicans.
　e. Although improving, too many playgrounds don't meet federal recommendations.

例⑤显示，英语中的让步插入家族主要由从属连词引导，如although(⑤a、⑤d、⑤e)，while(⑤b)，if(⑤c)及 though 等。让步插入语可以描写为缩减小句。例如，⑤a 可以扩展为⑤a'：

⑤ a'. Although it was rare, family violence did occur.

实际上,⑤a'的这种解释,受到了例⑥的驱动:

⑥ a. It is an earnest, if unsophisticated, film.

   b. Hood is a seasoned though disillusioned diplomat.

例⑥中,让步插入语构成了名词短语的一部分,形容词具有属性功能,而不是表语功能(predicative function)。例⑥这样的例子不能扩展,否则会产生不合语法的句子,如⑥a':

⑥ a'. *It is an earnest, if it is an unsophisticated, film.

这并不是说,句法缩减在让步插入语的历史发展中不起任何作用。但是,从充分让步小句缩减成压缩短语,形成缩减型让步插入语,是一个历时过程,需要基于历时语料库数据进行探讨。

首先,需要确定这些构式如何产生,是否有证据表明,这些让步插入语是从完全让步小句中发展而来的。也就是说,这些让步插入语通过类比产生,即从结构上与 while 和 if 连接词一起,在时间和条件意义相类似的使用中产生的。其次,需要考虑让步插入构式的固定程度和句法范围。个案研究选用的让步插入语构式,由让步从属连词与表语成分结合,作为添加成分插入主要小句中。表语成分与名词或动词有关。以 although,though,if,while 为代表的让步标记语是语法化的成果,可联系词汇与语法两大层面。

个案从共时和历时两个层面分别进行。在共时层面上,个案以《时代周刊》杂志语料库为主要语料来源。共时分析包括对 although 和 though 插入语及完整句形式的搭配使用等情况进行类比分析。这里的搭配对象涵盖形容词、介词、名词等词类。although 与 though 插入语和完整句在句法上存在差异。其中,在名词与-ing 形式搭配上略为明显。在让步意义上,两者的差异较显著,尤其是在推测性与言语行为两方面差别更为明显。通过多层次比较,共时层面的分析验证了让步插入语构式产生的消减假设,肯定了在句法和语义方面存在的内在变异性。就是说,该构式的产生是由让步小句句法缩减而成,而不是依据 while(表示时间)和 if(表示条件)这样的插入语类比而成。

在历时层面上，个案依据美国英语历史语料库（COHA）为主要数据来源，利用多维标度测量法（MDS）为主要工具，对 1860 年至 2000 年间，由 although, though, while, if 引导的 15 个 VNC 阶段的让步插入语数据进行了测量分析。根据分析结果，although 与 though 经历史演变，相互同化（assimilation）的趋势较 while 和 if 明显，同时也发现 although 和 though 的丛集与 while 和 if 的差距越发扩大。另外，个案分析在参数选择方法进行了 4 个方面的考虑：

（1）选取恰当的连词；
（2）主体结构中让步句的插入位置；
（3）让步意义的种类；
（4）证明是否属于减缩句共时性的实例。

参数在第四方面的选择再次证明，历时性分析并非完全脱离共时性分析，历时性分析是共时性分析的补充、延伸和发展。

个案研究结果验证了构式家族性假设，即让步插入语构式不是由微观构式组合而成的宏观构式，而是一个构式家族。由于历时数据在句法行为方面没有显示渐变聚合趋势，同时由于该类构式是一种高度主观化的构式，因此，该个案研究认为，让步插入语构式的形成和发展是对不同抽象层面做出局部概括的过程。

5.3.3 ▶ 结论与启示

该书从构式语法的角度观察语言结构层面构式的历时变化。与《构式化与构式演变》一书相比，该书更强调实证数据、实证方法在构式演变研究中的作用。依据严敏芬和李健雪（2016）对该书所做的书评，现对该书的贡献做简要介绍。

（一）建立了构式演变的实证研究范式

该书从理论、方法和个案三个层面向读者展示了构式演变的实证研究的全景。从理论上讲，该书以基于用法的构式语法为导向，提出了部分概括（partial generalization）的构式演变思想。部分概括是指

"说者子集对情景子集所做的概括"(Hilpert 2013a：2)。部分概括强调"例外即规则",认为寻找构式,即说者做出的概括,便是"寻找变异数据集中的规则岛"(Hilpert 2013a：203)。所谓"文本扩展之时正是语法压缩之始",则表明随着说者因素和文本体裁因素的介入,语法构式的形式逐渐多样化,构式范畴内部的变异也逐渐增多,而保留不变的内核系统则相对减少。可见,构式承载了说者依据记忆范例集所做的经验概括,而这种概括往往超越时空的界限,因此,每一个构式都记载着人类心智发展的历史。部分概括承认构式是一个表征多维抽象层面的构式网络,即由一个个不同用法型式(usage pattern)组成的松散而又有结构的网络。部分概括思想的提出,不仅有利于确定构式的抽象层面、抽象时机及抽象程度,也有利于对语法及语法变异进行充分的描写。

从方法上讲,该书实现了语料库语言学、语法化和构式语法理论的高度融合,并沿袭定量语料库语言学范式,形成了基于历时语料库的构式演变研究方法。

首先,该书依据基于用法的语法模型,在语法频率效应的基础上,结合前人研究成果,提出了适合语料库分析的构式演变框架及操作指标,共3个类型11种变化：(1) 频率变化：文本频率变化、相对频率变化、能产性变化、体裁和变异性变化；(2)形式变化：语素音位变化、形态句法变化、论元结构变化、宿主类扩张；(3) 功能变化：隐喻和转喻、类比延伸、搭配变化。

其次,该书借鉴语法化理论对语言演变渐变性的描述,开发了频率测量,并配以推断统计的历时语料库方法和技术,为构式演变研究提供了系统性、穷尽性的一手数据及科学可证的统计方法。

另外,鉴于认知构式语法的目的是通过人类互动和认知特征寻找任何已知构式存在的动因,因此,该书将认知、社会和语用因素纳入构式演变的范畴,并结合结构和语义因素,形成分析构式演变的外部语言和内部语言变量因子。

再者,该书将构式的独立性视为最初的零假设。被择假设基于强证据,即表明两个或多个构式发展之前的关系。强证据假定图式和搭配模式都有演变的倾向,并能够为语言演变提供诊断依据。

(二) 确定了构式演变的性质和地位

构式演变是构式符号网络延展和收缩的主要动因,是网络节点处构式化发生的外部触发机制。(Traugott & Trousdale 2013)构式化,即新的形$_{新}$-义$_{新}$配对。该书认识到构式演变在语言演变研究中的重要性,并试图对构式演变的性质和地位进行更深入的论证。

首先,不能将构式演变简单归属于语法化,因为构式演变不仅具备语法化的主要属性,而且其功能范围和操作指标远远超过语法化,能够解决语法化难以解决的词序变化、派生语素的归属等理论问题。同时,构式演变在处理与语言演变有关的频率问题时,不仅考虑语法化所涉及的文本频率,而且还考虑构式的结构和功能变体方面的相对频率。

其次,不能将构式演变等同于语言演变,因为"语法演变不是一种零和游戏(a zero-sum game)"(Hilpert 2013a:4)。语法空间表现出来的结构同化及语义异化是构式演变区别于语言演变的两个主要特点。事实上,"构式演变并不从属于任何其他概念"(Hilpert 2013a:13)。有鉴于此,该书首次以术语的形式对构式演变进行了正式界定。术语是学科身份的符号,是揭示语言现象的工具。构式演变的术语化,不仅从操作上为高度非系统的、异质的语法演变建立了描写框架,而且从理论上回答了"实际变化的是什么?是形式、功能、形式-功能映射、规则,还是范例?"等历史语言学的关键问题。

(三) 研发、推进并完善了基于语料库的构式演变研究技术

"历时语料库中所观察到的频率变化,是显著性变化还是偶然的波动"(Hilpert 2013a: 30)是构式演变分析的一个基本问题。为了确保频率测量的信度,该书着力对语料库技术进行了改进、利用和研发。

首先,该书利用并改进现有的共时语料库分析方法,并将其运用于历时语料库分析中。例如,针对说者选择构式不同变体的动因问

题,该书借用社会语言学中常用的二元逻辑回归分析方法,或称多变量分析方法,对历时数据中的网络因子进行标注,从而有效处理构式变体选择中解释变量和因变量之间的互动关系,为构式变体的选择提供实时、可视化跟踪。在此基础上,该书开发利用二元回归技术,建立混合效应模型,解决了二元逻辑回归对固定因素和任意因素界定的难题;开发了适合范畴变量的 HCFA 分析技术,弥补了二元逻辑回归仅回答"确定管辖 A 和 B 选择的因素"这类封闭性问题的不足。另外,该书将 MDS 分析工具运用于历时语料库数据中,使构式单位中的每一个成分都能进行纵向和横向比较,将复杂的数据简化为二维,从而有效解决构式概括与其多种变体和子图式之间的等级组织关系。

其次,开发了适合历时语料库分析的方法。该书研发了数据驱动的、自下而上的 VNC 算法,实现了以构式发展本身作为细分语料库数据的基准测量标准,避免了传统历时语料库阶段划分的任意性和主观性,为辨别语义或句法相似的两个或多个构式是否分属不同的发展阶段、是否为同一构式及确定构式发展的因素提供了科学依据。

5.4 论元结构

自 Goldberg 于 1995 年出版《构式:论元结构的构式语法研究》以来,动词的论元结构就被看成是沟通认知与句法结构的桥梁,从而进入构式语法研究领域,成为构式语法理论的核心话题之一。20 年后,瑞士巴塞尔大学的英语及普通语言学博士 Florent Perek 又向世人推出了由约翰·本杰明出版公司出版的"语言研究的构式方法系列"(第 17 卷)《基于用法的构式语法中的论元结构》。该书采用基于用法的视角,通过案例分析,系统回答了动词及其论元如何成为说者语言知识的问题,对促进语言学的经典话题——论元结构研究的发展及句法-语义界面研究的构式主义转向意义重大。有鉴于此,我们对 Perek 的这本专著进行简要介绍。

5.4.1 ▶ 基于用法的转向与论元实现

所有语言都提供了谈论事件及其参与者的方法,这种功能主要通过动词来完成。更确切地说,这种功能主要靠动词的论元(argument)来完成,即论元实现。所谓论元实现(argument realization),是指决定小句中动词事件参与者如何得到表达的那部分语法,或者说,论元实现是指动词事件的参与者在小句中的表达方式。(Perek 2015:1)传统认为,论元结构受动词影响。例如,kill 是二价动词,其使用需要至少两个论元,一个是 killer,另一个是 victim。事实上,论元结构主要与动词知识有关,这一认识并不完全正确。英语中的不及物动词,如 stare,cough,whistle,sneeze,在致使移动构式中可以带表示结果的论元。

⑦ a. He stared her into immobility.
   b. Chess coughed smoke out of his lungs.
   c. Her nose was so bloodied that the ref whistled her off the floor.
   d. Navin sneezed blue pollen onto his shirt.

例⑦a—d 都属于致使移动构式,都具有表示结果的意义,该构式义并不完全受动词 stare,cough,whistle,sneeze 本身意义的影响。

不仅如此,这些论元结构还有一个重要的特征,就是它们能生成意义。就是说,动词可以与多个论元一起使用,并形成意义方面的系统性变异。Goldberg(1995:11)以 kick 为例,说明了同一个动词(如 kick)由于论元结构不同而导致意义上的差异。

⑧ a. The horse kicks.
   b. Pat kicked the ball.
   c. Pat kicked at the football.
   d. Pat kicked Bob the ball.
   e. Pat kicked the football into the stadium.
   f. Pat kicked Bob black and blue.

例⑧中的句子都表示实施某个动作,即用脚往前踢这个动作。⑧a表达的是马自己的动作;⑧b和⑧c是Pat朝向某个目标物体做踢的动作;⑧d指Pat致使Bob接受所踢的球;⑧e指Pat踢球使之沿着一条既定的轨迹移动;⑧f指Pat踢向Bob,使Bob发生状态的改变,致使Bob变得black and blue。例⑧显示,不仅句子的论元数量会导致意义的改变,而且即使是论元数量相同的句子,意义也存在差异(如⑧b和⑧c)。

论元实现的传统观和构式语法观存在差异,并且两者都存在某些优点。比如,传统观(即动词观)强调两个论元变体之间的相互联系,而构式观则强调每一个论元都发挥特殊的作用。为了调和两者之间的观点,该书认为需要将说者的语言行为考虑进去。比如说,一个动词在两个有相互联系的变体之一中出现,那么该动词的出现在多大程度上能触发这样的期待。具体地说,一个动词同时出现在两个不同的句子中,这两个句子的关系是变体关系。如果出现这种情况,那是否说明那一动词也能在另一个变体中使用,并且也能够充分反映说者行为? 为了回答上述问题,该书假定:语法组织的关键因素与所使用的词和句法结构的频率有关。基于上述假设,该书采用了基于用法的构式语法方法,对论元结构构式的论元实现进行了系统的研究。

基于认知的理论认为,语言的认知表征通过语言使用产生,并且由语言使用塑型。因此,基于用法的方法拒绝接受生成方法有关语法(或称能力)和用法(或称运用)的严格区分,没有将语法仅仅看成是语言使用中可以使用的资源。相反,基于用法的方法认为,语法本身是用法的产物,即语法是人们有关语言经验的认知组织。从方法论角度讲,基于用法的方法能够通过分析用法数据获得有关语义系统的启示。在基于用法的方法中,语法普遍被看成是巨大的象征单位的清单。这种象征单位的清单是通过图式化渐变过程,从丰富的语句中提取而成的,同时保留了不同用法事件的句法和语义的共性特征。另外,在基于用法的方法中,语法格式可以被界定为对语言各个层面上的抽象。从语法形式中抽象出来的具体的实例和结构可以同时存储。

也就是说，对这些单位所做的更高层次的概括一旦形成，并不需要就此丢弃低层次单位。因此，从本质上来讲，语言的认知表征是由语言使用过程中存储在所有细节中的大量实例组成。抽象结构通常被看成是实例存储的浮现特征。

根据基于用法的模型，语法结构最终与用法联系在一起。既然如此，动词的语法也不能独立于用法之外，也受用法的影响。然而，在基于用法转向之前的研究，仍然按照传统的研究方法，强调词和规则在句子形成中的作用。因此，采取基于用法的方法探讨论元如何实现的问题，并为论元实现的原则提供基于频率的解释（frequency-based explanation），对弥补现有研究的不足有着十分重大的意义。

尽管论元结构研究由来已久，但仍然有许多问题值得进一步探讨：

（1）论元结构是否仅仅是关于动词的知识；

（2）如何区分论元结构中动词的作用与动词在非典型句法环境下的"创新"使用；

（3）论元结构语义因素存在多种描写与解释，但论元结构如何首先与意义建立联系，决定意义的因素是什么；

（4）对带 to 和不带 to 的双宾论元对的性质存在两种似乎对立的观点。一种观点强调两个变体之间的联系，另一种观点则强调每个变体各自所具有的特定功能。那么，这两种观点是否可以调和？两个变体是否与说者的语言行为有关？

针对上述疑问，该书将研究置于构式语法范畴内，提出了构成全书基础的基于用法的方法（usage-based approach），即语法组织的关键要素与特定词汇及句法结构的使用频率有关。（Perek，2015：5）这种基于频率的论元实现观，肯定了语法的认知表征受语言使用的影响。这对深入了解论元结构中句法和词汇的本质具有重要的作用。

5.4.2 ▶ 动词、构式与变换

动词、构式与变换是论元实现中不可回避的三个方面。该书以基

于用法的构式语法为视角,从具体到抽象,对动词、语法构式和跨构式概括层面的论元实现进行了研究。

(一) 动词

传统认为,动词是论元结构的核心因素,决定论元的数量和论元之间的关系。以动词作为研究论元实现的起始点,从最具体的动词入手,有利于从微观上把握论元实现的细节。

就动词的论元实现而言,目前存在两种不同的方法取向:一种是投射主义方法,一种是构式主义方法。投射主义方法将动词看成是唯一的论元实现信息的承载者(Perek 2015:23),即动词在特定句法环境中被使用时,总是只能采用一个特定的意义。Perek 认为,这一观点缺乏可信度,削弱了词汇创造性使用的能力。相反,构式主义方法强调构式本身的作用,认为小句形式和意义在某种程度上受句法构式影响,因而构式主义方法越来越受到广泛的关注。

依据 Goldberg(1995)的构式主义思想,论元结构并不是由动词投射而来的,相反,论元结构以独立的形-义配对或构式得以存储。论元结构构式将包含系列论元的抽象事件与编码这些论元的形态句法进行配对。例如,双及物构式是指表示"转移义"的三论元场景(three-argument scene of transfer),可以解释为"X CAUSE Y TO RECEIVE Z"。具体地说,X(施事)可以实现为小句的主语,Y(接受者)可以实现为间接(或第一个)宾语,Z(受事)可以实现为直接(或第二个)宾语。

论元结构构式中动词的出现受语义兼容性(semantic compatibility)的普遍原则管辖。也就是说,如果一个动词出现在一个构式中,那么,由参与者之间的关系意义所界定的参与者角色,必须能够与构式的论元角色匹配(或者融合)。参与者角色与论元角色的融合通常以 Goldberg(1995)的语义连贯原则(semantic coherence principle)为条件。由于界定构式的论元角色需要参照该构式的意义,并且界定动词的参与者角色需要参照该动词的框架语义方面的意义,因此,语义连贯原则通常被理解为是一种要求,即要求由该动词激发的语义框架,必须在语义上与该构式的意义兼容。

由于构式本身是有意义的,因此,构式通常也作用于小句意义的各个方面,尽管小句的这些意义方面本身与动词没有直接联系。在这里,动词的意义可以综合构式义。这也说明了构式方法能够解释动词"创造性"使用的原因。比如,在 John sneezed the foam off the cappuccino 这个句子中,主语(施事)所指的对象,致使直接宾语的指称对象,沿着由方位补语所描写的路径移动。因此,sneeze 的意义描写了路径移动的手段,通过该手段,移动能够在由构式所作用的"X CAUSE Y TO GO Z"这样的事件意义中发生。这种现象在构式方法中被称为多重论元实现(multiple argument realization)。

多重论元实现是指动词在语义上与多个构式兼容,而不是与动词的多义性兼容。投射主义方法认为论元实现完全来自动词,因此,无论什么情况下存在论元实现的变异,都与动词的多种意义有关。构式方法提出有些论元实现信息受动词影响,有些则受构式本身影响。论元结构构式能够传达自身的意义,因此能够将补语作用于不受动词管辖的小句。通过将论元实现的处所从词汇那里挪开,构式方法避开了动词多义性所带来的问题。当然,构式方法也带来一些问题,即动词和构式的作用如何在真实小句中保持平衡。为了回答这个问题,该书首先提出了动词和构式的分工问题,然后从基于用法的角度对动词的配价做出了解释。

第一,动词和构式的分工。

投射主义方法和构式主义方法就论元实现的处所做出了根本不同的假设:投射主义方法将论元实现的场所完全置于词汇层面,并通过词汇语义方面的差异解释论元实现中的差异。构式主义方法则假定,正是句法本身以论元结构构式的形式,确定了小句意义的主要方面。但是,如果构式承担了论元实现的大部分重担,那么动词在构式主义方法中该担任什么角色呢? 为了回答这个问题,作者探讨了构式主义方法中动词词汇项需要包含的信息类型,认为有时很难确定动词本身到底承担了哪个参与者角色。据此,作者提出,完全有可能认为,动词存储了有关框架方面的不同信息，可以利用规约识解方法加以识别。不同的框架信息与不同的参与者角色是相对应的。(Perek 2015：28)

动词和构式的分工首先可以从形式向意义映射来看。我们知道，一个动词的意义与一个特定的概念结构(语义框架)相对应。概念框架能够给小句提供许多详细描写的开放槽位。在构式方法中，一个动词的语义框架通过语义兼容性，决定这个动词可以与哪些论元结构构式组合，从而决定该动词的论元角色应该如何实现。一个动词与一个构式组合可以有两种方法：内在兼容性(inherent compatibility)和语义富集(semantic enrichment)。内在兼容性是指动词意义对构式意义进行的详细阐述。语义富集是指一个动词的使用涉及其语义框架中所缺席的那些意义方面(如 sneeze 的致使-移动使用)及该构式所作用的意义方面。这两种方法代表了两种不同的从形式到意义映射的方法。就内在兼容性而言，动词和构式都映射到小句中形式和意义相同的成分：两者都作用于相同的论元数量和类型，尽管动词常常更详细地说明构式意义的某些成分，但是动词和构式对小句的作用基本上是重叠的。就语义富集而言，动词和构式各自的作用是有区别的：动词传达常态意义，构式提供缺失的意义成分。

在内在兼容性和语义富集这两个端极之间，还存在其他的方式能够将动词和不同的构式组合起来。Perek(2015：28)认为，一个动词能与不同数量的论元同时出现，从而突出该动词的概念含义(conceptual import)的不同部分，其他方面不突出。那么，从形式向意义的映射该如何协调两者之间的关系呢？作者一方面接受 Goldberg(1995)的观点，反对与构式相关的词项的扩增(proliferation)，又接受 Langacker(1987，2008)的观点，认为组成一表达式概念基础(即该表达式的语义框架)的侧面，可以突显该表达式即时范围内的注意焦点。因此，Perek 提出，动词按语义框架与一个词项相关联，同时通过结合各种构式可以获得这个词义单位的整体分布，这种规范的情况不是必要条件，而是一个必然结果。

动词和构式的分工还可以从对丰富的词汇知识的需求来理解。在构式主义方法中，构式是论元实现的主要决定因素，因为一个构式的意义决定哪些动词被许可与其参与者角色一起使用。这些参与者角色是通过该构式的形式所规定的句法位置实现的。构式主义方法的一个必然结果是，在词项层面上存储的论元实现信息得到最小限度的保留。事实上，将构式和动词进行严格的区分是没有必要的。动词并不像我们最初想象的那样，表现出极高的异质行为。

作者的观点是，动词不能仅仅被看成是语义框架的标签，还必须与配价信息相联系，即与一系列参与者角色相联系。这些参与者角色可以作为动词框架侧显的组成部分，这些组成部分是动词通过规约的方式强制给它们的。但是，由于不同的构式在内容相同的注意窗口中可以产生多样性，因此，在实现的参与者角色的数量中，完全有可能确定该动词先前的配价，并且据此假定，不同的词项会导致一给定小句中从形式到意义映射的不同的分析。

第二，动词配价的基于用法的解释。

该书借鉴 Langacker(2009) 的 4-阶段模型，以 kick 的致使移动使用为例，考察了词汇项目与语法构式的结合问题。

在第 1 阶段，Langacker 提出了这样一个假设：从本质上来说，动词 kick 与其及物使用相对应的识解有关。这一阶段也称动词出现在规约单位阶段，如动词 kick 出现在像 throw，toss，lift 等带有主语和直接宾语论元的致使移动动词单位中。

第 2 阶段是动词的创新使用阶段。在致使移动语境中，kick 获得了范畴化语境。经过反复使用，kick 被识别为构式槽位的延伸，kick 的致使移动使用就逐渐规约化，变成了一个规约单位。在这一阶段中，动词和构式各自的语义贡献还没有什么变化，但是动词的这种使用现在已经被说者熟知，因而不再被看成是创新使用。这种规约化为下一步的发生提供了必要的条件。这一步，也称为 4-阶段模型的第 3 步，即可分析性的丢失(loss of analyzability)。

动词由于目标扩增，失去其延伸的身份，从而变成一个真实的范畴化目标的过程，kick 的原始及物意义完全缺失。相反，在规约化的范畴化中的目标与 kick 的扩增目标相对应。在致使移动用法事件中，动词 kick 原始义得到部分识别，这一过程产生了动词 kick 的扩增目标。此时，动词 kick 的新义已经浮现，与致使移动构式产生内在的兼容。这种兼容是通过详细阐释致使移动构式中的动词槽位而产生的，而不是动词义的延伸扩展。这就意味着，动词 kick 的致使移动使用发生了从形式向意义映射的改变。具体地说，动词 kick 的致使移动使用，导致构式由原先的传达移动知识、动词由原先表达使移动发生的手段，转向动词和构式都传达致使移动的情况。这一转变实现了 kick 致使移动的规约化，即 4-阶段模型的第 4 步。

在这个 4-阶段模型中，内在兼容和语义富集的边界出现了模糊，形成了一个渐变体(gradience)。在这个连续统上，任何合成结构都依赖动词与其所在构式之间的频率关系，而不是对动词和构式进行严格的区分。

总的来说，4-阶段模型不仅为动词配价如何与该动词的用法取得联系做出了可能的解释，而且也在某种程度上展示了基于构式的动词多义性在基于用法模型中的实际期待。也就是说，如果我们仔细地考察动词和构式结合所采用的原理，我们会清晰地发现在基于用法的语法中，动词的意义会产生某种程度的多义现象。这种动词的多义性，可以被理解为基于构式的动词多义性。

第三，基于用法的动词配价实验。

所有论元实现的模型都或多或少持有这样的观点，即动词与许多参与者有关。但是，很多动词（如果不是大多数的话），能够与不止一组论元一起使用（或称配价模式）。投射主义方法主张，动词与多个不同的论元结构一起存储，但是构式主义方法认为，这种假设是没有必要的，因为在投射主义框架中，构式只能选择一个动词的一组论元子集进行显性实现。或者与之相反的情况是，构式本身可以作用于论元。因此，该书作者 Perek 接受 Langacker(2009)有关 4-阶段模型的观点，认为动词可以与大量的配价模式(valency pattern)一起存储，因为配价模式与该动词的使用直接关联。采取这一观点是出于这样一种考虑,即在某一构式中一动词的重复使用会产生与该动词相应的配价模式的规约化。该动词配价模式的规约化直接与该构式相关联,而这是通过构式成分组合的方法所不能达到的。

通过比较用法数据的实验结果,该书验证了这个假设。作者设计了阅读理解实验。该实验是确定三个商务动词(buy, pay 和 sell)的两个配价模式各自的认知突显(cognitive salience)情况。然后,对从语料库中提取的用法数据进行实验,比较实验结果。研究结果显示,在特定的句法环境中,一个动词的频率与该动词在配价模式方面的认知突显具有相关性。这是因为,频率越高的配价模式越容易处理。这些发现为动词配价的用法基础提供了证据。该实验肯定了构式主义方法,认为论元结构是规约化的形-义配对,本身具有意义,因而能够有效弥补投射方法强调以动词为中心的不足。然而,动词往往以语义框架(概念结构)的方式存储,有时很难确定参与者角色是否由动词本身决定。另外,在实际小句中,动词和构式往往很难做到平衡。为了解决构式方法中的上述遗留问题,作者提出了基于用法的动词配价观,明确了动词所存储的配价信息依赖动词之前的用法。该观点强调动词的配价信息可以与抽象构式互为补充,因而便于更全面地解释从句法到语义的映射。

另外,作者通过案例分析验证了这一假设:动词配价信息的规约化,与该动词在不同构式中的用法是相关的。具体地说,该个案探讨一动词的不同配价模式是否与不同程度的认知可及性相关联。认知可及性的程度由用法中配价模式的频率所决定。

据此,作者提出了基于用法的配价假设:动词配价模式的认知状态与该动词用法中的配价模式的频率有关。(Perek 2015: 45)作者认为,配价的解释程度与认知可及性(cognitive accessibility)具有相关性。认知可及性是指覆盖语言认知的各个方面,如检索的难易度、生成偏好,或语言使用中的句法期待。为了便于操作,作者对基于用法的配价假设又做了进一步细化:构式强制下的动词,其使用频率越高,识解的认知越可及。(Perek 2015:45)这个假设的推论是:在同一个动词的不同使用之间,频率所反映的任何实质性的差异,可以通过认知可及性的差异反映出来。

在个案中,作者将语言理解的加工时间(processing time)作为认知可及性的标志,即与该动词的另一个配价模式的使用相比,如果一动词的配价模式的使用更能快速地得到语言使用者的理解,那么这就意味着这个配价模式在认知上比另一个配价模式更加可及。

总之,这则个案佐证了配价的认知状态与用法有关的观点。具体地说,动词配价模式的频率越高,认知可及性越高,这一基于用法的配价假设是成立的,尽管还需要对动词的用法和认知表征之间的关系做更加精确的界定。但不管怎么说,该研究成功地展示了从基于用法的角度观察配价现象的价值。

(二) 构式

针对构式义是从哪里来的问题,作者认为,构式义是从该构式中显著出现的动词意义中提取而来的。基于这一观点,论元实现实际上进入了第二个层面:论元结构是对许多动词的概括。

第一,构式义的用法基础。

动词义项的句法结构,取决于该动词在具体构式中的使用。根据这一观点,构式义选择突显由动词激活的语义框架中的概念内容,映射其句法结构。但是,构式义从何而来?对此,作者假定,构式义是从词汇材料中提取出来的,大多数高频动词在确定构式义的过程中具有相应的显著性作用。(Perek 2015:80)为验证上述假设,作者对自然状态下的语言习得数据、实验环境下的诱发数据及语料库搭配分析数据的报告进行了分析和综合,发现构式义与其动词分布有关。就是说,构式义与高频出现在该构式中的动词的语义一致或相似,且这种动词的分布偏向在构式习得中发挥重要作用。不仅如此,与构式搭配强度最高的动词类别,通常与构式中心义最为切合。(Perek 2015:89)该发现论证了构式义的词汇起源假设,即论元实现模式最终与基于用法的语法模型中的意义相关，或者说，在论元结构领域，构式义具有用法基础。由于构式义和构式的动词分布之间存在密切关系，因此，构式义可以来自词汇和句法形式的频繁共现。

词汇起源假设认为，在一给定的句法模式中，最典型的动词或动词类别的意义最终在象征上与该模式相关联。但事实上，这一假设也许过于简单，有可能对具有高度抽象意义领域的结构构式不适用。也就是说，词汇起源假设并不适合像意动构式这类非常抽象的构式类别。意动构式的意义是高度抽象的，因此没有得到分布中任何动词的词汇化。另外，意动构式似乎不吸引任何特定的动词类别，因此，提出该构式的中心义来自许多高度典型动词之间的相似性的假设，似乎也站不住脚。

意动构式中心义的提取，似乎并不受特定动词词类的影响，因此还不清楚这类构式的意义是如何从其典型的动词中派生出来的。意动构式是2-参与者模式。从句法上讲，意动构式由一个主语和一个由at引导的单个动词后介词短语组成。意动构式一般与正常的及物动词一起出现，因而常常被描写为介词插入的情况，即介词at在直接宾语前插入。从语义上讲，意动构式可以宽泛地描写为去及物化构式（detransitivizing construction），因为及物动词的移动使用与该动词的及物对应体在许多不同的方面存在差异：

（1）不接触：He **hit at** her face with the gun.

（2）没有产生影响：She swallowed, **wiping** ineffectually **at** the wetness on her cheeks.

（3）不完整：He **gulped at** the beer again.

（4）重复：Macready **struck at** Carradine's dancing legs, missing repeatedly.

（5）缺少意图性：They wandered on, aimlessly **kicking at** the pine cones.

上述5个方面概括了意动构式与粗体字动词对应体存在的差异。也就是说，意动构式义是从多个不同的动词语义中概括出来的高度抽象义。但至今还没有一个动词能够词汇化该构式的构式义,实际上也没有哪个动词能够做到对该构式的意义进行概括。(Perek 2015:102)如果是这样的话,该构式首先会吸引其语义侧显这类具有方向性成分(directional component)的动词。通过构式搭配分析,作者发现情况正好相反:该构式主要吸引的动词并不具备内在的方向性,或者仅仅很松散地具有方向性,而那些方向性更突显的动词并没有得到强烈的吸引。

实际上,该分布模式与词汇假设的预期是矛盾的,或者说,在动词和构式义之间出现了错配。意动构式义因高度抽象而未能词汇化,其构式义与典型搭配的动词语义间没有直接可靠的联系。相反,与该构式搭配强度最高的动词类语义所对应的是构式延伸义,而非中心义。(Perek 2015:102)对此,作者认为,构式义的词汇起源假设是否成立,取决于在何种概括水平上定义构式。显然,构式的意义与最典型的动词有关的观点,取决于界定构式的是哪个意义。构式可以在任何概括层面得到界定。这也带来一个界定上的问题,即什么置信程度才能确保一给定的形-义配对是一个存储的构式。这就是说,与高度抽象的构式相比,较低层次构式在语法中也许更重要。对较低层次构式的用法分析也许对像意动构式义这类较难概括的论元结构构式来说,更有意义。

第二,局部概括的重要性。

构式义的词汇起源假设仅考虑最高层次的构式概括,不能解释像意动构式这类高度抽象构式的意义来源。作者认为,构式义和动词分布之间的关系,实际上可以在较低层级上存储。

首先,从图式化的角度看,概括可以在多个抽象层面上进行。在基于用法的方法中,说者的语法知识(包括说者的论元实现知识)是通过对丰富的语句进行图式化的基础上产生的。这就是说,构式图式(constructional schema)可以从用法中得到抽象,并在不同具体性层面得到界定。图式可以从高度相似的表达式中得到抽象,从而构成有限范围的概括。据此,任何图式性层次上的模式都能在语法中共存。一且基于较低层次图式间的相似性概括出一个更抽象的图式,那么较低层次的图式也不一定被丢弃。实际情况是,说者确实从普遍模式中存储其形式和意义完全可以预测的词和表达式。就是说,说者既存储抽象图式也存储更具体的图式,有时甚至存储冗余的图式。这进一步说明,说者在发展语法操作知识的过程中,大量进行较低层面的概括。这是因为说者更容易把握次规则(subregularity),而不是高度抽象的图式。就论元实现知识而言,说者应该把握大量的与特定动词有关的知识,这样论元结构的概括才更有可能在有限数量的基础上进行概括,而不是对所有可能的动词做出概括。因此,较低层面的概括,或者说是局部概括(local generalization)对论元结构构式的实现具有重要的意义。

其次,意动构式是一个包含多个低层级构式的高层级抽象图式。其中,每个低层级构式都由特定语义类的动词实例表征,而不是一个高度抽象的概括。在基于用法的方法中,语言结构存在从完全异质到最大一般化的连续统,因而图式化程度不一。因此,作者提出,不需要从整体的角度观察意动构式,而需要从特定动词类别的构式出发,关注来自特定语义类别的动词所表示的构式阐述。据此,作者依据 WordNet 将意动构式的动词进行语义分类,然后分别对吸入、剪切、牵引、击打这 4 种动词类意动构式进行构式搭配分析,考察意动构式的语义聚类现象。

分析显示,构式义与其动词分布间的联系,确实处于低层级图式水平,并且意动构式中搭配强度最高的动词语义类,都含有突显该构式义的语义要素。研究发现,每一个较低层次的构式都吸引吸入、剪切、牵引、击打这 4 种动词,且每一类动词都能吸引众多相关动词,并提供相关语义特征。

意动论元结构构式所传达的唯一的构式义是特定动词词类构式的意义。(Perek 2015:114)换句话说,局部概括并不等同于全盘否定高层级图式的构式义。高层级构式是对多个低层级构式的跨语义类概括,对理解和产出构式能产性用法及扩展构式语义发挥重要的作

用。(Perek 2015:140)

(三) 变换

论元实现不仅与动词和构式有关,也与跨构式有关。该书作者从跨构式的角度分析了论元结构的变换问题。

第一,论元结构变换概念。

"变换"指的是论元结构中有条件的但又是系统的变化。英语中有大量的构式对,如例⑨—⑩。这些构式对通常都需要从句法变换(syntactic alternation)的角度进行描写,即通过音位和形态变化的类比方式进行描写。通过类比,音素或语素在其实现中可以表现出变异。变异的过程一般以语境因素为条件。从类比的角度看,句法变换是形式不同的句法构式的集合(通常是配对)。这种配对也称为变换的变体,这些变体能够顺应共同的词项集合以完成相似的功能。

⑨ a. John broke/shattered/cracked the glass.

 b. The glass broke/shattered/cracked.

⑩ a. John opened/closed/shut the door.

 b. The door opened/closed/shut.

论元结构变换是指某些动词能够系统地与不同的、但又有联系的论元实现模式一起使用。具体地说,论元结构变换是指某些动词的一组论元,可以有不同的句法实现结构,这些形式相异的结构能够传达相似但有系统性差异的语义。语言学中的变换指的是相同的单位接受不同形式实现的可能性。例如,与格变换(dative alternative)将双及物变体(John gave a book to Mary)和 to 与格变体(John gave a book to Mary)配对。在构式语法中,一个变换的变体可以被看成是独立的构式,且具有自身特征。但是,两个变体之间的关系,通常不能被看成是语法的组成部分。作者对此观点提出质疑,即该观点是否真的能够很好地解释说者对所说语言的了解。Perek(2015:151)认为,忽视构式间语义和句法关系的语法,一定会失去大部分说者有关自己语言的知识。

事实上，构式方法和变换是可以结合的。作者提出，一个变换的变体可以被描述为构式变体（allostruction）。所谓构式变体，是指对两个构式所共有的一般事件图式的阐释。构式变体的提出说明了这样的事实，即语法能够提供多种方法对一个给定的事件范畴进行编码。作者认为，构式方法不应该排斥构式间有关语义相似性和句法相关性的描写。将变体包含在语法中，有利于把握说者的意识，即某些在语义上相似的构式，能够用另一种方式来编码特定的意义范畴，不管这些变换表现为词汇规则、多义联结还是构式变体。

据此，作者采取中间方法（intermediate approach），即变换和表层概括共存于语法中。作者将句法变换整合到构式语法中，提出变换即构式变体的观点。作者假定，构式变体是对构素（constructeme）的详述。构素是对构式变体的承继性概括。通过构素，我们可以直观观察语法为某一既定范畴事件提供多种编码方式的过程。为了论证上述观点，作者对与格构式变换和方位构式变换的实验数据进行了分析，发现构素不仅是说话者心理语法的一部分，而且是更高抽象层面的构式。作者提出，说者的这种概括是基于变体的概括，这种基于变体的概括在提高论元结构的能产性方面发挥了很大的作用。

第二，基于变换的能产性。

在论元结构构式中，能产性主要指动词分布的延伸。能产性概念涵盖了明显的、真正的句法创新性的情况，其中一个动词被用于一个非常见的论元结构中。在基于用法的构式语法中，论元结构的能产性受构式图式驱动。这些构式图式从真实的语句中抽象出来，构成了论元结构能产性的基础。与这种图式相关联的语义，限制了可以用于填补构式槽位的词项范围。构式图式的抽象依赖图式化过程，目的在于提取多重用法事件的内在共性特征。该书作者反复强调，在一给定论元结构构式中，一动词的出现受语义兼容的一般原理所管辖。论元结构构式是类比的副产品，被界定为更大的象征集合内的抽象关系。由于论元结构构式的意义是从跨实例（主要来自动词）的关系相似性中提取而来，这就等于是说，动词与构式的一个新奇组合的形成，是建立在类比之前观察到的那个构式的实例的基础之上的。基于这一观点，构式存储的意义是新实例承继之前实例相似性关系的反映。具体地说，基于构式的能产性的主要决定因素是动词语义。

基于变换的能产性与基于构式的能产性有密切的关系：因为所有的构式变体（从定义上）共有各自构式义的实质性的部分，任何一个凭借语义兼容性出现在构式变体中的动词，也在某种程度上与其他构式变体兼容，因此允许验证基于构式能产性的路径出现在那个构式变体中。从这层意义来说，基于变换的概括在句法能产性中也起重要的作用。尽管作者同意论元结构的能产性在很大程度上是基于构式的，即由存储在构式中的抽象意义和用于该构式的动词意义之间语义兼容性的程度所决定。但是，作者也赞同基于变换的能产性。通过基于变换的能产性，一给定动词在能产性使用方面的构式范围，也受到了该动词之前所亲眼目睹的那个构式的影响。作者提出，基于构式的能产性和基于变换的能产性没有本质上的不同，因为两者都依赖类比的模式，即之前听到过的和新奇使用（尽管在不同的层面）之间的模式类别。

一个动词在某构式中的能产性用法，不仅受该动词与构式语义兼容程度的制约，而且也与该动词在其他构式中的使用有关。针对这一情况，作者仔细考察了论元结构变换中的能产性不对称情况，讨论了这种不对称与用法的关系，以及对基于变换的能产性（alternation-based productivity）假设的意义。作者认为，构式变体可以用作能产性的来源，即构式变体能够生产新的动词和构式的组合。基于变换的能产性能够产生新的动词和构式组合。就是说，动词出现于某一构式变体的同时，也可能触发该动词出现于另一构式变体的预测。因而，作者假定论元结构变换的变体间存在能产性不对称（productivity asymmetry）现象。

为验证这一假设，作者设计了通过短篇故事接触新造动词的实验。实验的目的是根据示例构式和动词的意义，考察实验的因变量在新造动词的保守使用 vs. 能产性使用的情况。实验结果显示，最先呈现的动词及其所出现的构式,确实对被试是否在变换的另一变体中使用该动词产生影响。与双及物构式中呈现的动词相比,to 与格构式中呈现的动词行为更保守。这种不对称对物理转移动词和交际动词都有效,而方位变换在两个呈现条件之间的能产性方面,却没有这种差异。

作者发现,在与格变换中确实存在能产性不对称的情况,而被试在首次接触所呈现的新奇动词时,更有可能在未验证的变体(unattested variant)中能产性地使用该动词。在双及物构式中出现的这种情况多于 to 与格构式。也就是说,当一个新奇动词呈现在 to 与格构式中时,被试能产性地使用该动词的频率相对较少。在方位变换中,没有发现这种不对称。作者认为,说者的能产性行为可以通过用法模式得到解释。利用语料库数据,作者发现,与格动词在 to 与格变体中得到的验证多于仅仅在两个构式中的情况。相反,几乎所有的在双宾变体中得到验证的动词也在 to 与格变体中得到验证。换句话说,一个给定动词的变换假设是有可能的,而且与在 to 与格变体中的情况相比,在双宾变体中更有可能。这种类符频率模式并没有在方位变换中发现,这也解释了方位变换缺少对称性的原因。作者认为,说者已经内化了这些用法型式,并且说者的语法知识包含了构式变体间的相关信息。

5.4.3 ▶ 结论与启示

该书从理论和实证的角度论述了论元实现的种种情况,认为与论元实现有关的认知表征主要受用法塑型,并且在动词、构式和变换三个方面都有表现。该书肯定了基于用法的论元实现的视角,其贡献主要体现在以下几个方面。

(一) 系统阐释了论元实现的用法路径

该书以基于用法的构式语法为导向,针对论元实现用法基础的零散解释,从论元实现的范围和概括两个方面,系统而全面地剖析了基于用法的理论在论元实现这一特定的语法领域所发挥的作用。

首先,该书从具体到一般将论元实现划分为三个不同的层面,即动词、构式和跨构式层面。动词层面的论元实现在于厘清动词的多义性和创新性,以及动词与构式的复杂关系。构式层面的论元实现在于解决论元结构构式义的来源与路径。跨构式层面的论元实现在于确定构式间的语义和句法关系问题。概括地说,该书以动词→构式→跨构式为主线,剖析论元实现中动词配价→构式义的概括层面→构式间共有意义的存储潜能的诸多现象,确定了论元实现中说者语言知识单位的大小及系统。

其次,该书接受特定项目知识与概括并存(Goldberg 2006:12)的观点,肯定频率是概括的条件和基础,也是构式能产性和规则性渐变群形成的动因。该书假定,语法组织的关键要素与特定词汇和句法结构使用的频率有关。(Perek 2015:5)就是说,频率作用下的概括是论元实现的主要途径,且语法结构模式可以在任何抽象的层面上得到界定。因此,该书将概括视作基本的知识单位,并将概括和认知结合,形成基于用法的论元实现模型。

在动词层面上,该书将动词配价的认知状态与用法结合起来,提出了动词配价模式的频率与认知可及性的关系模式,有效解决了论元实现中动词与构式兼容的问题。在构式层面上,该书将构式义和动词分布结合起来,提出了基于更低层级抽象的局部概括模式,从有限范围概括出发,打通了论元结构最高层级构式概括与最低层级动词义的通道。在跨构式层面上,该书将跨构式概括融入英语动词的语法描写中,提出了基于构式变体的能产性模式,实时监控论元实现中构式间差异的发展规律。总之,该书将概括置于核心地位,解决了语法构式方法关于"在概括的哪个层面上最能反映说者构式知识"的长期争论。

(二) 发展了自下而上的实证研究方法

首先,该书将理论和实践相结合,形成产生假设和验证假设的总基调。针对论元实现的三个层面,作者分别进行研究回顾,在理论阐释的基础上形成对现象特有的看法，在随后的章节中进行论证，验证假设的正确性和可行性。在验证假设的过程中，该书主要采用案例分析的方法，以小见大，深入剖析案例的运作过程及运作机制。在数据的处理方面，该书融合心理语言学和语料库语言学中的心理实验方法和语料库方法，将实验数据与语料库数据无缝对接，共同完成对说者语言知识和行为的描写、解释和说明。心理实验中的数据通常在有控制、有条件的环境下获得，反映的是说者的个体、即时的语言使用情况，而从语料库中提取的数据则是自然状态下发生的真实的语言使用，具有群体性、代表性、概括性和延时性的特点。实验数据和语料库数据的结合较好地实现了点与面的论证方法，体现了语言使用者在论元实现过程中语言加工-产出活动的连续性和一致性。

其次，该书针对不同的研究问题，采取不同类型的实验方法，如实验任务与电脑实验程序平台（E-Prime 2.0）的结合，有目的地调整实验对象，获得更加针对性的语言使用心理，确保数据的信度。

最后，该书也有针对性地选取不同类型的语料库，借助不同类别的数据提取工具获得客观可靠的研究数据，包括动词语义的分类工具WordNet、R 软件建模分析工具，进行混合效应线性回归模型和构式搭配分析。总之，实验方法和语料库方法的结合克服了单一的自下而上方法的不足，使实验方法中得到的演绎性结论进一步成为通过语料库进行数据归纳描写或进一步演绎的起点，形成联结式论证的新方法。

（三）明确赋予了变换独立的理论地位

构式语法将变换视为语言的副现象，并不关心具有功能相同、形式相近的构式间的联系，因此无法解释说话者面对多种编码方式可传达相同信息时该如何选择构式进行表达的问题。虽然 Goldberg（1995）用同义联结（synonymy link）概念描述构式-构式联系，但并未详细阐释该类联结的实质、联结的浮现方式、联结在语法中的地位及在语言使用和发展中的作用。该书将变换视为说者语言知识的一部分,提出的构式变体模型强调的是对说者心理语法的描述,其提出源于说者对语义相似、形式相异的构式进行跨构式概括的心理事实。构式变体模型将句法变换类比于同一语素、音素的不同语素变体、音素变体间的转换,依赖的是更为基础的和广为接受的分类联系。更重要的是,基于变体的能产性理论在解释构式能产性时,将变换关系视为触发能产性用法的动因。该书发现构式变体共享的类符频率会影响说者输出其能产性用法的保守程度,这也为确立变换关系的独立语法地位提供了理据,同时也为纯粹基于独立构式的能产性理论提供了重要补充。

5.5 方言、话语和构式语法

语法研究的构式转向可以从全新的角度观察语言中的各种现象,如语言层面的变化和演变及语言习得层面的生成、理解和加工等问题。实际上,构式主义方法同样可以用来解释语言的变异现象,包括方言变异和话语变异等。在这里,我们介绍 Jan-Ola Östman & Graeme Trousdale(2013)在《牛津构式语法手册》中的文章《方言、话语和构式语法》,希望能够深入了解构式语法研究中基于用法的本质是如何应用于话语结构中,尤其是对话语境中浮现的变异。

5.5.1 ▶ 方言变异和构式语法

语言变异和话语因素密切相关,恰切地说,与语言使用有关。一般认为,语言变异包括个人言语变异和言语社区变异、互动变异和话语变异等方面。随着语言研究的认知转向,语言变异研究接受认知语言学的思想,尤其是构式语法中内在变异性(inherent variability)的思想。

(一) 内在变异性

语言变异是许多语言学家共同关注的问题,比如,Croft(2013)讨论了类型学变异的问题。在语言变异研究中,Hudson(1997)专门探讨了语言内在变异性的问题。根据 Hudson(1997)的观点,内在变异性涉及以下三个方面的内容:

(1) 个体讲话者拥有指称同一事情的多种不同的形式;
(2) 社区中的说者网络符合统计学上有规律的运作方式;
(3) 话语语境与可变的语言行为相关。

但是,由于构式方法通常是基于用法的,因此,互动变异和话语变异能够为浮现变异性(emergent variability)提供分析的基础。也就是说,基于用法的构式语言能够超越传统社会语言学有关变异性的研究,即从静态的变异描述向动态的变异过程发展。在这个过程中,语言中的互动变异和话语变异能够提供最好的变异性证据。

内在变异性概念对语言理论来说相当重要,因为一个充分的语言理论必须能够解释结构上的变异、语境上的变异及使用频率上的变化。Hudson(2007)在他的论述词汇语法一书中,对方言句法进行了解释,发现了语言中存在上述三种类型的变异。所谓结构变异,是指一种理论有能力解释个体语言使用者的形式变异模式及对形式变异的限制。语境变异是指该理论有能力充分解释为何说者会因为不同的交际目的,在不同的场合,采用不同的结构与不同的使用者进行交流。使用频率变化指的是说者使用不同结构的不同比例。

除了说者变异外,话语变异的本质也值得关注。变异性通常与语境密切相关,那么哪些语境因素会影响并限制语言结构,这也是构式语法所关心的问题。构式语法在关心语言结构的同时,也关心话语的影响。也就是说,构式语法关注语言选择的问题,这种选择不仅是形态上的选择,或句法上的选择,还包括词或短语的选择,甚至是一个具体活动的选择。实际上,变异选择(variable choice)也是构式分析领域普遍强调的影响因素。

在构式文献中,有关语境的研究存在 3 种宏观方法,这些方法互为补充,但又稍有不同。

(1) 将形式激活的语用信息添加到语境中去,进而明确话题、焦点及语言单位的认知可及性问题。

(2) 采用数据的频率和统计分析,譬如通过因子分析,为语篇和构式搭配分析提供有效的变异语境信息。

(3) 采用归纳法和定性方法,即使用话语分析方法及来自社会语用学和互动语言学的方法建构变异性模型。

可见,从内在变异性的角度看,语言变异是基于用法的,不仅说者存在变异,语言形式也存在多种不同的选择。这些现象都和语言使用的语境有关。

(二) 方言变异

此处我们主要介绍方言(地域)变异,以及方言变异如何与将构式视为语法基元的构式语法理论相适应的问题。

一种语言的地域或方言变异与许多其他种类的变异有交集。个人方言(idiolect)的形成不仅依赖说话人成长或居住的地理区域,还须包括说话人的社会特征。地域方言(regional lect)的产生,部分是构式演变的结果,即可以追踪不同的构式演变轨迹找到地域方言产生的源头。也就是说,特定的构式在说者头脑中可能与特定的地域变体(regional variety)有关。实际上,我们可以很容易通过考察说者的构式知识得到解释,这些构式知识既包括原子的构式,也包括实体构式。比如,"为场外消费服务而卖酒的机构"这个概念(一些讲英式英语的人知道这个概念),与两种不同的形式有关:一种是英式英语(外卖酒执照)(off-license),另一种是美式英语(酒类专卖店)(liquor store)。显然,这些知识一定是特定用法事件的产物。说英式英语的人在听到或读到 liquor store 之前,或者说从别人那里听到过该表达式的意思之前,抑或从语境中推断出该表达式的意思之前,不可能知道除了 off-license 以外,还有一个词 liquor store 可以用来表示"为场外消费服务而卖酒的机构"。因此,方言词汇知识是基于用法的。此外,当构式被定义为规约的象征单位时,构式就被认为共享说者网络,并且不同的子网络可能有不同的规约表征。

语言是构式网络的假设表明,组织方言词汇知识及方言句法知识,应该依据相同的一般原理。因此,了解方言变异知识的本质是必要的。

可见,变异在语言中无处不在,在不同方言和跨方言中,(句法)变异模型是任何理论框架都要处理的关键问题。就是说,语言是可变的,不同的语法有不同的方法来处理语言变异现象,尤其是语言的内在变异性和频率效应。

(三) 基于用法的模型

同词法一样,基于用法的构式语法关注的是语言结构如何满足交际需要的问题。基于用法的模型不仅能为语言的频率效应提供解释,也为理解语言变异和变化中语境的作用提供解释。基于用法的模型主要涉及以下几个方面的内容:

(1) 验证假设,即某一特定变化的结构特征,大体上是从语言事件的经验中归纳得出的结果;

(2) 解释统计模式,即跨越大量用法事件的统计,这些用法事件通常是从自然语言语料库中引证而来的;

(3) 解释语言内部和跨语言之间的规律性和不规则的本质。

上述操作模型是在语言使用者互动的基础上产生的,因为语言使用者在互动时,往往会接触到语言结构方面的差异,这些差异表现在数量上,也表现在性质上。因此,基于用法的模型不仅关注定量上的差异,也关注定性上的差异。此外,这些模型承认,语言是动态的,是一个不断使用中的心理结构,这个心理结构通过使之发生改变的加工活动而得到过滤。当然,这种用法并不能阻止规则模式的建立;使用频率越高的模式,其固化程度越强。但是,由于地域差异,对某些说者来说,与接触构式 y 相比,他们接触构式 x 的频率更高。基于用法的构式语法关注的一个重要问题,是建立关于变异知识的工作机制,因为"使用的实例影响语言的认知表征"(Bybee 2010:10)。据此,文章作者 Östman & Trousdale(2013)通过三个案例,描写地域变异研究的基于用法的方法,并以此说明构式概念在阐述与方言相关的形态句法模式中所发挥的作用。

5.5.2 ▶ 三个案例研究

下面分别介绍兰开夏英语的双及物构式、荷兰佛莱芒语变异中 massa's 这个新出现的加强语、新英语中的动词-构式联想。

(一) 兰开夏英语中的双及物构式

认知构式语法理论从一开始就将标准的英语双及物构式,包括其语法和语义,看成是自己的研究对象,并成为构式语法理论发展的核心内容之一。但是,英语中的双及物构式还存在不同程度的变异,这种非标准的、变异式的双及物构式还未引起构式语法研究的足够重视。非标准双及物的例子包括:

⑪ She gave a book the man

⑫ She gave it the man

例⑪和例⑫属于 SVO 结构,但是与标准的语义结构相比,存在某种变异,因为这两个例子中的直接宾语和间接宾语间需要一个介词 to 才能形成与格构式。但是,这也不能不算是合格的语法句子,因为这种现象与语言使用者本人的使用偏向有关。有些语言使用者偏向某一变体而不是另一变体。这种偏向包括下列因素:

(1) 论元权重:不管主题/接受者是一个代词还是一个完整的 NP;

(2) 动词/论元类型:不管间接宾语是否拥有接受者或受益人的语义角色;

(3) 代词宾语的属性:如代词是人和动物;

(4) 话语类型:口语 vs. 书面英语,正式 vs. 非正式谈话;

(5) 说者地域来源。

产生例⑪和例⑫这类双及物构式可以从说者的地域来源得到解释。

首先,像例⑪这样的语式,主题先于受益人/接受者,是特有的英式英语。

为了进一步了解兰开夏(在英国西北部)英语中与双性构式相关的语言模式,Siewierska & Hollmann(2007)使用了 4 个语料库的信息:(1)来自英国国家语料库(BNC)的 10 个口语文本,并归类为"兰开夏方言";(2)来自兰开夏 9 个地方的附带录音,作为方言项目的一部分;(3)来自弗莱堡英语方言语料库(FRED)中的 23 个文本;(4)来自兰开夏 3 个地方的材料,取自英国英语方言的赫尔辛基语料库。这些语料库信息共产生双及物构式和与格构式有 449 例,两种格式分别占 83%和 17%。

在双及物构式中,接受者/受话人-主题顺序的频率明显高于反向顺序,分别是 94%和 6%。在两种宾语都是充分 NP(full NPs)的情况下,这种一般来说更频繁出现的模式,实际上具有范畴性质。但是,如果带代名词宾语,那么就会出现另一种模式。这里的代名词仅指人称代词,不包括像 everything 这样的形式。在这样的情况下,主题-接受者/受益人顺序(如 he gave it me 中)出现了轻微的偏向,占 65%。然而,在语料库中,带有两个人称代词宾语的双及物构式,出现的数量偏低(N = 23)。看来,两个宾语都是代词这种特定的次构式在双及物构式中更普遍,其建构更像这种方言中的介词与格构式。

"在 81%的带有代名词的主题和接受者/获益者的小句中,前者先于后者"(Siewierska & Hollmann 2007:92)。换句话说,在两个宾语都是人称代词的例子中,介词与格(如 he gave it to me)的频率最高。在这方面,兰开夏英语就像是标准的英国英语;然而,在兰开夏英语中,第二种最常见的模式并不是如标准变异中那样,属于规范的接受者/受益者第一型的双及物型式(如 he gave me it),而是主题第一型的变体(theme-first variant),如 he gave it me。

Siewierska & Hollmann(2007)发现,方言中的构式变异研究可以追踪到个体,即从语言(如 English)到国家(如美国英语)再到地区(如兰开夏英语)的轨迹,可以到达其终点——个体讲话者。据此,我们可以说兰开夏英语讲话者可能知道的有关双及物构式的知识是,像 he gave it me 这样的语式与"兰开夏郡"这个概念有关。这种知识来源于说者/听者所接触到的特定的用法事件。也就是说,兰开夏郡与特定构式意义极的话语/语用成分相关联。具体地说,对于许多方言句法的特征,可能很难确定说者知道某一特定构式的来源。构式是否是本地的,或者只是超本地、非标准变异的一部分,仍有待研究。

(二) 荷兰语中新出现的程度修饰语

De Clerck & Colleman(2013)研究了荷兰弗莱芒语变异中新出现的程度修饰语(massa's),并对此做出了解释。虽然他们没有直接在构式的框架内进行讨论,但是与弗莱芒语 massa's 有关的形式显然与构式分析有关。他们研究过程中所使用的数据,主要来自非正式书面语语料库,即一组学生的博客。

⑬ Ik had niet echt veel zin en massa's weinig tijd.

I didn't really feel like and I had [lit. *masses/] very little time.

例⑬使用增强语气词 massa's,这一用法似乎受荷兰语社会语言和区域的限制:massa's 主要来自比利时西北部年轻人使用的非正式言语和写作中。massa's 的主要使用区域是东佛兰德斯省和西佛兰德斯省。massa's 这个程度修饰语,是从历史上荷兰语变异中的双名构式进化而来的,这似乎是语法构式化的一个实例,其新的形-义配对在图式性和复杂性各个层面上都逐渐得到发展。尤其是,大小名词的子集(如 een hoop"一堆"、een beetje"一点")逐渐发展成量化功能。此后,这些子集可能得到进一步发展:量词再分析为更一般的程度标记。

与荷兰语程度修饰语构式 massa's 相关的语式,在使用中受地域限制。这说明,构式网络的不同组成部分在发展过程中,与地域变异密切相关。例如,许可像 [[een beetje dronken] — ['slightly drunk']]这类语式的构式类型[[een beetje Adj] — ['slightly Adj']],似乎比许可 [[massa's grappig mens] — ['very funny person']] 这类语式的构式类型[[massa's Adj] — ['very Adj']]更得

到强化,并且在荷兰语使用中更加广泛。后者仅局限于来自某些方言区的讲话者,因而仅在某些话语语境中得到使用。

"许可"(sanction)这个概念(Langacker 1987)对理解地域构式变异尤其有帮助:对某些讲话者来说,massa's 构式得不到更具普遍性的程度修饰语构式的认可。比如说,像 massa's grappig mens 这样的语句被认为是不合语法的。对另一些讲话者来说,massa's 构式是部分认可的,因为这些讲话者将 massa's 构式看成是典型型式的延伸,仅用于非常有限制的语境中。但对其他一些人来说,这样的语句是完全被认可的,并且依据其在个人方言中加强的程度,在所有的语境中使用都是完全可以接受的。地域变异可以理解为与特定的地理空间相关的个人方言网络。同时,随着网络变化发展的程度不同,地域变异促使创新构式得到不同程度的强化。

(三)新英语中的动词-构式联想

Mukherjee & Gries(2009)进行了一项研究,他们使用了国际英语语料库(ICE)的三个子语体,来说明新加坡、印度和中国香港英语变体中,动词与构式之间的不同联想模式,以及不同模式之间的联系。通过使用这些不同的子语料库,他们首先成功识别了英式英语和新英语之间的差异。新英语属于非英国英语变体,这种变体与英式英语之间存在不同程度的差异。在此基础上,他们着重分析了新英语在结构性本土化(structural nativization)方面的程度,以及本地特征语言模式出现的情况,并通过搭配变换(collostructional alternation)的频率对以上内容进行测量。研究发现,新加坡英语被认为是与英国英语最不同的英语,中国香港英语被认为是与英国英语最没有区分的英语,而印度英语则处在中间地位。(Mukherjee & Gries 2009:31—34)

基于以上发现,他们又采用多项显著性词素分析法进行统计分析,发现了三种及物构式类型,即不及物构式、单及物构式和双及物构式。研究还发现了一组动词,这组动词虽然频繁出现在 ICE-GB 语料库中,但没有与任何及物构式有特别的联系。被英国英语构式吸引的动词有以下几种情况:(1) 被双及物构式吸引的动词,包括转移类动词,如 give,lend 和 send;(2) 被不及物构式吸引的动词,包括静态动词,如 sit,wait 和 live;(3) 被单及物构式吸引的动词,包括这样一些动词,如 have,make 和 involve,及中性动词(neural verbs),如 serve,bet 和 surprise。

　　研究结果表明,英国英语和新英语在构式搭配组织方面是相似的。通常情况是,ICE-GB 中偏向双及物构式的动词,也偏向新英语语料库中的双及物构式,尤其偏向新加坡和中国香港语料库中的双及物构式。在英国英语中,不及物构式偏向的动词也是同样的情况。但是,这种相似性不太适合单及物构式搭配模式。中性动词的表现尤其突出,因为构式搭配偏向似乎在调查的四个变异中都存在显著的不同。(Mukherjee & Gries 2009:44—45)研究进一步说明,新英语变异在进化周期中越先进,其构式搭配偏向与当代英国英语就越不同。

5.5.3 ▶ 话语变异性和构式语法

　　在构式语法内强调话语中变异性的存在,表明语言使用是与不同的(交际)实践相联系的语言行为(linguistic action)。这意味着,我们使用的语言受到来自外部语境限制的影响,包括社群和文化特征的限制,因此表达内容所采取的形式也同样受到限制。不仅如此,我们还通过使用特殊的语言表达式来解释活动和情景。采取构式的方法研究话语、语境和变异,实际上是以用法为基础,以实际生成的话语及话语的(内在或浮现的)变异性为数据来源。

(一) 构式性话语

　　为了说明进行话语构式分析的动态性和复杂性,我们将简要地了解一下韦勒比较语(Wellerism)。韦勒比较语是一种程式性的讲话方式,如:"It all comes back to me now," said the captain, as he spat into the wind. 韦勒比较语最初来自狄更斯小说《匹克威克外传》中的人物 Sam Weller。他惯用的讲话方式是在有名的引语后加一滑稽语或动作。在这句话中,引号中的引语是一句通常引用的名言,后面跟有一滑稽动作"spat into the wind"。

在对著名的索夫(Solf)韦勒比较语的分析中,Östman(2002,转引自 Östman & Trousdale 2013)认为,韦勒比较语的内部结构的许可,是通过一个非常特别的构式获得的。但要恰当地使用韦勒比较语,需要把握非常特殊的语境。韦勒比较语是一种应答行为,具体包括以下几个特点:

(1) 韦勒比较语是按顺序进行的,是对他人所说话的回应;

(2) 韦勒比较语在同一社区成员中使用,以增强友情;

(3) 韦勒比较语通常(在 Solf 的语境中)用来将说者固定在一个文化历史的联结点上;

(4) 韦勒比较语用于情感语境中;

(5) 韦勒比较语可以被分配,因此,多个讲话者可以参与进来,合作生成韦勒比较语;

(6) 韦勒比较语是一种用来表达禁忌的方式。

比如例⑭,在 Solf 的社会中,诅咒是禁忌的,除非你有资格诅咒,即用他人说脏话的方式咒骂另一个人。例⑭是一个真实事件的意译。在例⑭中,Sander 是这个村子里 40 多年前去世的一个人。

⑭ A: And I see you've got a lot of apples this year.

B: A whole damned lot, said Sander.

可见,除了将构式看成是"词类"属性和"名词"值之间的内部关系外,我们还需要明确说出这些话是在什么时候、什么地方、如何说出的,以及为什么要说这些话。换句话说,我们在说话时需要考虑话语的语境问题。另外,如果单看 Excuse me, Sorry, My appologies 和 Ouch,这些可能都不合语法,但是,如果我们将这些话语置于语用语境中,这些就是合乎语用的话语,可以用来表示礼貌、文化连贯、参与程度和体裁等特征。从这层意义来看,话语的分析与句法分析不同,话语分析不能仅仅利用句子语法分析的方法来分析语境中的语言使用。

外部特征如何影响语言表达式的变异是非常复杂的。例⑭显示,韦勒比较语有一种相当严格的程式性表达方式,这种表达方式需要得到特定的、严格界定的语境授权或批准才能使用。因此,说出韦勒比较语也就唤起了那一特定的、严格界定的语境。

话语特征作为一种语境,限制一个表达式能够在什么地方、什么时候使用,同时这些特征提供了表达式所能表达的范围。受这种话语特征限制的元素,不仅包括语音、形态或句法的各个方面,而且还包括多词和多语表达,多个说者间共同构建的序列,等等。

(二) 限制并诱发变异性的话语特征

当我们试图将不同类型的语境特征"安插"在我们的构式分析中时,我们意识到许多问题仍有待解决。最相关的问题是需要考虑什么语境因素。但同样重要的问题是,这些语境因素是如何相互关联的。当我们考虑话语领域时,还需要对大量的传统构式语法特征进行重新评估:构式(对用法实例的抽象概括)也许不仅仅是形-义配对,而是形式-意义-功能三部分的集合。当构式语法有关内部和外部特征之间的区别超出句子范围,进入话语层面后,这种关键的区别就不很清晰了,尽管这种区别是一种递归关系。

从构式分析的角度对话语进行研究是当今构式语法研究的热点之一,语法如何受话语的影响也越来越受到研究者的重视。但是,"话语"的概念往往是预设的。从语法的角度来看,这是可以理解的,但如果想要找出"话语变异性"(discourse variability)背后的原因,就需要系统接近话语,从话语的外部特征逐渐进入话语。比如,如何在语境和语言结构之间建立一个可行的桥梁,并明确我们(能)说、示意、写等的可能性和限制,明确什么时候、在什么地方、如何及为何存在这种可能性和限制。

表5.2列举了在属性值矩阵中出现的特性,描写了外语特征与限制话语变异的关系。

表5.2显示,这些特征在属性矩阵中以松散的方式呈现,但特征本身是独立的。这个列表的关键在于,由于特征不断发展和修正,一

表 5.2　外部特征与限制话语变异的关系

隐式锚定（Implicit anchoring）	连贯（coherence） 交互（interaction） 参与（involvement）
话语模式（Discourse pattern）	D-框架（D-frame） 文本类型（text type） 活动类型（activity type）：体裁（genre）
社会语言变量（Sociolinguistic variable）	年龄（age） 性别（gender） 风格（style）：教育（education） 　　　　　　　　生活方式（lifestyle） 角色（role）
言语社区（Speech community）	地点/空间（place/space） 大小（size） 现代性（modernity）
非言语（Nonverbal） 背景设置（Grounding）	

［参见 Östam & Trousdale（2013：487）］

个表面上无限多的语境线索可以归纳为一组，目的在于形成对所涉特征的系统了解。因此，表5.2的这组特征是一个集合。依据这个集合，可以说明表达式如何由于话语影响而产生变异和变化的。正如所有的构式研究，呈现的是任意垂直顺序。表5.2左边给出的是主要属性，右边是这些属性的值，再向右是更深一层的值。

比如，话语模式下的属性，通常被视为认知文本水平范畴化（cognitive text-level categorization）。话语模式下有三个值：D-框架代表话语框架（discourse frame），包括新闻报道、摇篮曲、电话交谈；活动类型通过体裁来说明，用来指社会活动，如书信写作、童话故事阅读；文本类型侧重结构。

在构式研究的话语方法中，像这样的语境特征不是在构式之外，而是构式的一部分。与内部特性一起，这些语境特征为语言使用者指定了构式方法中的资源。按这种方式观察语境特征时，影响变异性的语境特征不会被视为处于语法的外部，而被看成是语法的组成部分。

表5.2列举的这个清单，反映了该领域早期研究发现的重要外部

特征,这些特征能够对可用语言资源的限制进行充分解释。因此,这些特征类型也与限制话语变异性相关。

由此可见,关于构式语法、方言和话语的研究是重新关注语言结构和语言变异的一个重要组成部分。从这层意义上来说,对构式语法中有关方言和话语的研究,可以与越来越多的其他语言框架结合起来,目的在于理解对变异的限制,以及相同语言不同变体中不同语法结构的分布情况。此外,研究方言形态句法的微观变异,能够对跨语言的类型学研究进行补充。语言研究的构式方法与方言研究(dialectological research)的交叉融合,也促进了其他研究的发展。比如,关于量化语言的一种变异与另一种变异之间的距离在程度方面的表现,可以采用构式搭配分析方法。地域方言研究不仅与社会变异研究交叉,也与第二语言习得研究有关。可见,构式方法是研究语言的浮现特征的一种可行的工具。

第六章 基于用法的构式研究:话题(2)

第五章讨论了基于用法的构式语法研究所涉及的话题,包括习语、将来构式、语素变体、构词、插入语构式、论元构式及话语变异的构式研究。Goldberg(2006)认为,构式是可以习得的,语言知识是说者的心理表征。在此,有必要在语言层面研究的基础上,引入构式习得话题,以完善基于用法的构式语法思想。下面介绍基于用法的构式语法与习得(包括第一语言习得和第二语言习得)之间的关系。

6.1 第一语言习得

《牛津构式语法手册》中 Holger Diessel(2013)的文章《构式语法与第一语言习得》首先回顾了基于用法视角下构式语法与第一语言习得的关系,重点关注了构成第一语言习得基础的构式语法的假设,尤其是儿童早期语言习得中的轴心图式(pivot schema)及其词汇特殊性,同时关注轴心图式与代表成人语言典型的动词-论元结构构式的关系。

6.1.1 ▶ 基于用法的语法学习

语言习得和语法学习一直是语言研究的热点话题。生成语法理论和基于用法的理论都关注语言习得问题。下面从两种理论的发展和构式语法的基本假设来观察第一语言习得的情况。

(一)两种语法发展理论

长期以来,研究第一语言(L1)语法发展主要有两种理论方法:一种是依赖(主流)生成语法核心假设的先天论方法(nativist approach)(Chomsky 1972),另一种是与构式语法紧密相关的基于用法的方法

(Tomasello 2003)。这两种语法理论针对语法元素的本质和语法体系的整体组织,提出了截然不同的假设。

生成语法是一种形式句法理论。几十年来,生成语法对母语习得的研究,产生了决定性的影响。按照生成语法的先天论方法,语法的核心是由先天语言能力决定的。这种方法有两个核心假设,构成了句法结构分析的基础。

假设1:生成语法是基于语言能力由模块组成的假说。该假说认为,(心理)语法可以分成三个基本成分:句法、语义和语音。每个成分(或模块)都有原则上彼此独立的范畴和规则。依据这种解释,句法表征是自主的,并且在某种程度上无须借助意义便可进行分析。

假设2:生成语法是基于一套普遍句法范畴而建立的句法表征假说。依据这种假说,句法表征由基元范畴组成。这些基元范畴能够为所有语言的句法结构分析提供方法,具有"工具箱"的作用。

假设1强调句法是自主的,假设2强调句法结构源于基元范畴。根据这些假设,儿童天生具有一套普遍的形式句法范畴,或称"普遍语法"(UG),又称"语言能力"。采用这种方法,儿童必须学习环境语言(ambient language)中的词和结构,了解这些词和结构如何与普遍语法的元素取得联系。

为了挑战先天论假设,基于用法的研究者(如 Tomasello 2003)接受了构式语法的假说,提出了用于分析语法发展的不同的框架。按照基于用法的方法,语法被看成是由规约化的形式-功能单位(即构式)组成的动态系统。就是说,儿童基于类比和自动化等一般域学习机制习得这些构式。依据这一解释,句法范畴是处理大量语言数据过程中所产生的流动实体。

事实上,无论是生成语法的先天论还是构式语法的基于用法的方法都关注语言的习得问题,都强调语法发展的重要性,但由于理论宗旨不同,对第一语言习得(L_1A)的价值取向和方法也各不相同。如果说先天论强调语法发展的静态观,那么基于用法的方法则更加关注语言的动态使用,强调语言使用者在语法发展过程中的能动作用。基于用法的习得观以构式语法为理论支柱,以构式为语法发展的载体,通过观察语言的形式和意义的发展,追踪 L_1A 的动态发展路径。语法发展的基于用法的取向符合当前认知语言学的发展趋势,对促进构式语法发展也具有重要的启示作用。为了更加深入地了解基于用法的 L_1A 的理论脉络,我们对构式语法的基本假设做一简要介绍。

(二) 构式语法的基本假设

与(主流)生成语法不同,构式语法并非事先假定一组语法范畴。但与所有的语法理论一样,构式语法就语法的本质和语法体系的整体组织提出了两个特别的假说。可以说,这两个构式语法假说是理解基于用法的语法学习和语法分析的基础。

假说1:构式语法假定句法结构是象征单位,即所谓的构式。这些象征单位将特定的形式与特定的意义结合起来。(Langacker 1987)

假说2:构式语法假定构式通过各种联结类型取得相互联系,从而组成一个复杂的象征表达网络。(Goldberg 1995)

就构式语法的假设1而言,如果语法由构式组成,那么,在词和语法集合之间并不存在原则上的区分。与词一样,构式也是符号实体,能够以特定的意义或功能映射到一个特定的形式上。这个形式可以指一特定的结构构型和/或词汇元素。例如,命令句"Open the door!"(开门),可以被看成是一个构式,或者说是一个复杂的语言符号。在这个命令句中,一个特定的结构型式"$V_{base}[NP_{non-subject}]!$"与一个特定的言外之力"使令类言语行为"相关联(见图 6.1)。在这里,命令语句由一个无屈折变化的动词形式组成,没有显性主语,表达使令类言语行为功能。图 6.1 中左侧的上下两个框同样说明了词汇和构式符号的关系。只不过这里的形式是一个语音[sʌn],或者可以用表征该语音实体的 sun 表示,相对应的构式是一个表示太阳的符号。

图 6.1 词汇和构式符号举例

同假设1一样,假设2也反映了人类思维的一般域层面,认为语法是一个网络。如果语法由构式组成,或者说语法由复杂的语言符号组成,那么随之而来的结果是:假定语法体系是一种组织方式,该组织方式与心理词汇或记忆中的非语言概念的组成方式相似。心理语言学研究的大量证据显示,人类依据重叠和对比,将词和语素联系起来,这就使得心理学家将心理词库看成是一个符号网络。与心理词库类似,语法同样可以被看成是一个由复杂语言符号组成的网络,符号彼此间通过各种联结手段联系起来。

构式语法的网络模型为语言结构的句法分析提供了一个非常灵活的框架。该框架与基于用法的假设是一致的,具体地说,语法由不固定的范畴和可变的限制构成。具体构式和该网络特定的组织都是儿童依据普遍的学习机制,以一种零碎的自下而上的方式所习得的浮现现象。儿童的这些学习机制,同时也与其他认知域中的知识习得相关联。

6.1.2 ▶ 早期基于项目的构式

儿童生成的最早的话语是由独立的词和整句字(holophrase)组成的,或者说是固化的、尚未被分析的多词表达,如例①—③。

① Get-it

② All-gone

③ What-s-that?

这些早期的词和整句字可以被看成是整体符号,儿童可以用它们表达言语行为,完成特定的交际目的。(Tomasello 2003:36—40)在儿童生成最初的独词语句(one-word utterance)和整句字后的三个月,他们便开始使用由两个或三个词组成的更加复杂的语句。儿童早期多词构式的浮现涉及两个互补策略。

策略1:词的合并。

在某些情况下,儿童会将先前单独使用过的两个或更多的词结合起来,用于单个语调曲拱(intonation contour)中。这个策略与语法学习的经典场景一致,即句法结构由更小的单位编制而成。

策略2:冻结式多词表达。

儿童早期的多词构式并不是从两个独立的词派生而来,而是来自被分解成组成部分的冻结的多词表达式。许多儿童很早便开始用未分析的表达式。比如说,儿童会使用像 Whassis 或 Whatchadoing 这样的冻结式多词表达,生成内容问题。这些表达式要随着儿童的逐渐长大才被分解为独立的词。

儿童早期语法中构式的产生是以特定的词为基础的,或者说是以项目为基础产生语法构式的。可以说,围绕特定的词组成构式(基于项目的构式)是儿童早期多词构式最显著的特性之一。这些早期的基于项目的构式也称"轴心图式"(pivot schema),或"轴心构式"。

儿童早期轴心构式中的轴心词主要有量词 more,all 和否定词 no 等。在这些轴心词后形成一个槽位,可供语义合适的词语填空,不管槽位中需要填补的词性是什么。比如,more 后面的空位中除了填补 car 和 fish 这类名词外,还可以填补形容词 hot 和动词 sing 等。总之,只要儿童认为语义合适,就可以在轴心构式的槽位中替补所需要的词。

儿童早期的动词-论元构式通常围绕特定的动词构成。

构式岛的槽位通常以2-词语句出现,如 find-it,get-it,也可以以独词语句出现,如 gone。这为早期儿童语法发展提供了充分的用法基础的佐证。

和动词论元构式一样,问句起先也是围绕特定的词组织起来的。像其他具体的词汇构式一样,问句也具有相同的"轴心相貌"(pivot look)。例如,儿童早期的 yes-no 问句通常由一个特殊助动词和特殊物主代词构成,并由这个助词和这个物主代词共同组成一个框架,构成问句。例如:Can I ____? 或:Will you ____?

讲英语的儿童产出的最早的 wh- 问句,是一些固定的表达式,如:What-s-that? 或:How-do-you-know? 随着儿童的成长,这些整体式的表达碎片化为零部件,因而 wh- 问句的使用逐渐趋于灵活。问句的发展源自一个由疑问词 what 和动词 doing 组成的简单型式。

显然,这种发展路径很难按照传统的句法操作方法来解释问句的习得问题。没有证据显示,早期儿童问句中涉及 wh-移位和主-助倒装现象。然而,随着儿童的成长,他们常常产出带有非倒装词序的 wh-疑问句及其他有句法错误的句子。实际上,儿童缺乏的是特定型式的经验,而不是抽象的句法操作。

6.1.3 ▶ 关于构式的浮现

儿童构式的浮现分为简单构式浮现和复杂构式浮现两种情况。下面分别介绍这两种构式浮现。

(一) 简单构式浮现

与儿童早期的轴心图式相同,成人语言的构式也通常与词汇有关。许多成人构式也包括不能被其他词汇表达式取代的特定词语或词缀。例如,相关性比较构式(The faster the better)。该构式由两个特殊的语法标记构成:两个限定词(the)和两个比较短语(faster 和 better)共同构成一个独特的框架。劝告构式(hortative construction),如 Let's go to the movies,也和相关性比较构式一样。劝告构式包括一个由动词 let 和缩略的代词组成的特殊词汇框架,两者共同标记一种特殊的句子类型。因此,如同儿童语言,成人语言也围绕特定的词,组成特殊的词汇构式。事实上,这反映了基于用法方式的核心假设,即语法型式通常与特定的词汇表达有关。也就是说,语法型式的产生与两种情况有关:

(1) 要么与范畴有关,即特定的构式由特定的词所标记,如 The ____ the ____ ; Let's ____ ;

(2) 要么与概率有关,如动词-论元构式常常强烈偏向某些特定的名词和动词。

尽管如此,与儿童早期的轴心图式相比,成人语言中的词和构式的关系更加复杂多变。随着年龄的增长,儿童的构式变得越来越抽象,且独立于特定的词汇表达。在语法发展中有两个重要的方面可以反映儿童动词-论元构式与日俱增的可变性和抽象性。

第一,儿童早期的轴心图式通常从一些词扩展到整个一类词汇表达式。例如,儿童早期的问句一开始通常与特定的主格代词(subject pronoun)建立联系。后来,主格代词被其他的指称表达所取代,如 Can I→Can Mommy。特定槽位中的词汇表达式也有类似的扩展过程,许多其他基于项目的构式发展就是一个典型的例子。例如,儿童一开始将动词 want 及其语音变体 wan 和 wanna 与作为主语的第一人称代词和名词补足语结合如 wanna bag。然而,很快他们也开始将相同的动词形式(即 want,wan 和 wanna)与不定式补足语结合使用,如 wanna ride。但要经过数月之后,他们才能产出更加复杂的构式,将名词补足语解释为一个非动词小句,如 want ice cream,或产出一个复杂的不定式,即 want 的名词性宾语,充当一个非限定性补语分句在语义上的主语,如:Want me open it? 在某些情况下,儿童认识到 want 的句法宾语跟随着一个主格代词,如:Do want he walk? 这表明他们过度地将不定式补足语的使用扩展到了限定性补足分句。这个现象说明,儿童早期的轴心图式槽位变得越来越灵活和抽象,从而使得儿童早期基于项目的构式逐渐变得更具能产性。

第二,关注动词的角色是早期儿童构式多样性和能产性增加的第二个句法发展因素。动词的角色一般以基于特定项目构式的轴心词出现。儿童早期动词通常与特定句法型式(即特殊构式)有关。与此相反,成人语言的动词通常跨越多个构式使用。例如,动词 break 可以出现在及物构式(如:He broke his arm)和不及物构式(如:The window broke)中,也可出现在致使移动构式(如:She broke the vase into pieces)中,或者出现在意义有细微差别的被动构式(如:The mirror is broken)中。

在儿童语言中动词 break 的用法与成人的用法有很大的不同。例如,儿童早期只在及物小句(或在独字语句)中使用 break,未见他们在不及物构式或致使移动构式中使用过 break 这个动词。只有在极少特定场合下才使用 broken，如 Broken glass 这样的语句。该类语句看上去不像被动句，而且在及物构式中可能已经独立于 break 而得到使用。因此，既然儿童早期动词与特定构式相连，那么我们不得不问：他们是什么时候、如何学会扩展动词的跨构式使用的呢？

这个问题是在基于构式的 L_1A 方法中最根本的问题之一。这个问题之所以重要，是因为动词在跨构式中的扩展，标志着更具图式性的动词-论元构式发展中的一个里程碑。更重要的是，动词在跨构式的过程中，增加了儿童能产性地使用句法型式的能力。只要每一个动词（或每一个轴心词）用作构式岛中恒定的部分，那么，与语法相关的能产性就受到限制。轴心图式允许儿童在特定的槽位中改变成分。但同时，轴心图式也迫使儿童从一个特定的视角呈现一个事件。只要儿童的语法知识基于轴心图式（或构式岛），那么，他们就只有一种方式呈现一个特定事件。然而，当儿童开始扩展个别动词、进行跨构式使用时，他们就有可能选择可变换的构式，表达相同事件或相同场景，从而使语法的使用更具能产性。儿童最终学得的是一个相关的构式网络。在这个网络中，相同的事件可以从不同的视角识解，因此，说者可以在特定语境中选择最适合的构式，从而实现交际目的。

（二）复杂构式浮现

复杂句通常分为三种基本类型：

（1）含有补语从句的句子；

（2）含有定语从句的句子；

（3）含有状语从句的句子。

复杂句的发展源自简单的非内嵌句，并由此逐渐转变成双小句构式（biclausal construction）。复杂句的发展可以分成两条路径：

第一，包含补语从句和定语从句的复杂句，即经过小句扩张、由简单句进化而来；

第二，包含状语从句（或并列从句）的复杂句，一般是由两个独立的单句综合成一个特定双小句单位。

可以作为复杂句来分析的最早结构,大约出现在儿童的第二个生日时。这个时候的句子通常包括一个代替名词性补语而出现的非限定性补语从句。want构式的发展就是一个典型的例子。

want是一个带补语的动词,可以与名词性补语和不定式补语一起出现。want最早的使用伴随着名词性补语(如:I wanna bag)的出现而出现。但之后不久,儿童开始与简单不定式一起使用(如:I wanna swim)。这一用法逐渐扩展到复杂的不定式构式(如:Want me open it?)。有些儿童将该用法过度扩展,将其应用到充分发展的补语从句(如:Do want he walk?)中。want构式发展是非限定性补语从句发展的显著特征。它的发展源自与简单句只有少许不同的结构,随后便逐渐扩展成双小句构式。

复杂句的发展涉及语义和结构变化两个方面。在语义上,复杂句源自表示单一事件的结构,该结构后来由两个表示相关事件的结构所取代。在结构上,复杂句的发展涉及一系列形态句法变化。随后,无标记不定式逐渐由更加显性的非限定补语小句所替代。这些补语小句包括自身有语义的主语(如:She made me cry)和/或一个非不定式标记或wh-代词(如:I know how to drive)。与这类发展相似,矩阵小句(matrix clause)变得越来越复杂,越来越图式化。最早的非限定性补语从句,伴随着程式性主句的出现而出现,如I wanna 或 I hafta。这些程式性主句可以被看成是轴心图式。

但随着儿童的成长,他们产出带有其他种类主语和动词的矩阵小句。这些矩阵小句与儿童早期的矩阵小句相比,在语义上更独立于补语从句中的事件,而动词在其中通常起半情态的作用。第一个非限定性补语从句伴随着如want to, stop, like 和 try 这类动词的出现而出现。这些动词非常详细地描述了补语从句中不定式或分词的特征,但是,后来带补语谓词(complement-taking predicate)通常用来表示独立的活动(如:The doctor said to stay in bed all day)。

与非限定性补语小句相似,限定性补语小句源自表示单一情景的结构。讲英语的儿童产出的最早的非限定性补语小句包括程式性的主句,如:I think ____,(Do) you know ____,I know ____,How do you know ____, I guess ____,Remember ____,See if ____。这些主句可以被看成是轴心图式。然而,与其他轴心图式的恒定部分相比,儿童早期生成的补语小句的程式性主句是非指称性的(nonreferential)。像 I think 或 See if 这样的主句,并不指示心理活动或认知行为,而起到与补语小句相关的认知标记或言外之力标记的作用。实际上,该补语小句是一个独立的断言。

总之,带有限定性和非限定性补语小句的复杂句的发展,与儿童早期动词-论元构式发展呈相同的特点。儿童复杂句的发展起源于那些围绕轴心表达式而组织起来的特定项目的构式(即程式性主句),以及一个可以用不定式或一个由小句填充的开放的槽位。随着儿童的成长,这些构式变得更加复杂和多样,进而产生主句和从句都表示某些事态的双小句图式。

与补语小句相似,定语小句在语义上由简单句发展而来,并逐渐扩展为双小句构式。讲英语的儿童产出的最早的定语小句出现在两种语境中:一种语境与用于回答前一问题的一个独立的中心名词有关(例④);另一种语境修饰表语从句的谓语名词,在周边环境中将听者的注意力吸引到一个物体上来(如例⑤)。

④ 成人:No what did you eat?

儿童:Some apples that were sweet.

⑤ 儿童:Here's his box that he's gonna go in.

这两种结构都是用来表示关系小句所表达的单一事件,而主句用于建立话题或焦点位置上的指称对象,无须指称独立的事态。随着年龄的增长,儿童开始生成更加复杂的关系构式。这些结构中主句逐渐向发展完善的表示事件的小句关系发展。该事件在关系小句中是语义上独立的事件(如:Once I saw a person that shot a fire arrow)。

如果我们不管儿童早期的关系小句的话题化 NPs(topicalized NPs)和表语小句,那么,这些句子和简单的 SV(O) 小句一样,有相同的结构。讲英语儿童生成的最早的关系小句是主语关系(subjectrelatives）。这些主语关系包含与（非）及物小句相同的语法角色序列，即施事-动词-(受事)。关系小句的其他结构类型，即施事（或主语）跟随另一个指称对象（如：The picture I made），倾向于随后发生，且在实验中引起理解困难。这些结构偏离了简单 SV(O)（非）及物小句的词序，因而可以用来对上述现象进行解释。以上事实表明，儿童最终学到的是语义和句法重叠的相关结构型式的网络。

最后，包含状语和并列小句在内的复杂句的发展，采取了不同的路径。与通过小句扩张源于简单句的补语和关系小句不同的是，状语和并列小句源于由连词将一个之前的句子连接起来的独立的句子。讲英语儿童生成的最早的状语小句，是语调上未约束的句子。这些句子遵循语义上相关联的小句，并发挥儿童在特定交际语境学会的独立的言语行为作用。例如，表示因果关系的 because-小句，是最早普遍用于回答因果关系的问句（例⑥），but-小句最初总是由儿童用来回应前一句成年人的语句（例⑦）。

⑥ 儿童：You can't have this.

　　成人：Why?

　　儿童：Cause I'm using it.

⑦ 成人：It is called the skin of the peanut.

　　儿童：But this isn't the skin.

随着年龄的增长，儿童将状语和并列语小句与语义上相关的（主）小句结合，开始将状语小句放在主句之前。这一做法预示着儿童有能力在产出第一个小句之前，就有能力预测将两个小句连接。尽管最后的状语小句在之前的主句完成之后就能进行归化，但是，如果说者能够计划两个相连小句的发生，那么起始状语小句的产出才有可能发生。这种发展可以描述为小句综合过程，即两个独立的句子可以组合（或综合）成一个特定的双小句单位（biclausal unit）。

总之，Diessel（2013）的这篇文章考察了基于构式的第一语言习得研究，认为语法发展始于具有词汇特殊性的程式，儿童逐渐对该类程式进行分解和详述，并将其扩大到更加复杂和图式化的单位。这种发展由一般的学习机制所驱动,如类比和范畴化,而且并不限于语言习得。儿童最终学得的是基于即时语言体验的构式网络。

6.2 第二语言习得

《构式语法和二语习得》一文是 Nick Ellis 于 2013 年在《牛津构式语法手册》中发表的有关心理语言学与认知方面的文章。该文分析了构式语法环境下的第二语言(L2)习得问题,为分析 L2 中构式的心理现实性提供了证据。我们以基于用法的构式语法为出发点,从 L2 构式、L2 构式学习中出现的形式、功能和频率及意义和形式的重构三个方面,对 Ellis(2013)关于构式语法和二语习得方面的内容进行介绍。

6.2.1 ▶ L2 构式

基于用法的方法认为,人们在交流的同时学习语言结构。构式是形式-意义的映射,是在言语社团中约定俗成的,并作为语言知识固化在学习者的头脑中的。构式是语言的象征单位,既有明确的形态、句法和词汇形式的特征,又能将这些形式特征与特殊的语义、语用和语篇功能结合起来。构式语法认为,所有的语法现象都可以理解为学得的形式与相应的语义或语篇功能的配对。

构式语法的这一思想对儿童语言习得研究产生了重要影响。具体地说,从构式的角度观察儿童语言习得,其研究导向已经发生了改变,已经从先天语言习得机制、连续性假设,以及自上而下的、规则管辖和加工处理等生成语法假设,转向数据驱动、浮现的语言系统性解释。有关儿童第一语言习得(L_1A)的构式主义理论,使用大量的纵向语料库,绘制创造性语言能力,追踪其浮现轨迹。分析数据既来自儿童用法历史中的语句,也来自儿童语句内部对规律性的抽象。(Goldberg 1995,2006,2003;Tomasello 2003;Diessel 2013)

L2 学习者有一个共同的目标,就是理解语言、理解语言是如何运作的。一旦学习者通过语言用法经验实现了这一目标,就会出现 L_1A

和二语习得(L_2A)之间的许多共同点。这些共同点可以从两个方面理解。一个是从输入的语料库分析来理解,另一个是从构式习得的认知和心理学分析来理解。理解过程遵循学习和范畴化的联想和认知原则,即从学习者先前投入的大量资源去评估另一种语言的特征。由于语言学习者的母语相当流利,在 L2 学习的过程中,学习者的计算和归纳通常受迁移影响,并伴有 L1 的调节期望和选择性注意,使习得系统失去对 L2 范例的判断力,从而使得学习者对自然主义的用法评估存在偏见,进而限制学习进步。这是成人 L_2A 的典型特点。随着基于用法的方法、认知语言学和数据库语言学的发展,二语习得研究大量引入构式主义方法,使得这种现象逐渐改变。显然,L_2A 不同于 L_1A,因为二语习得涉及建构和重构的过程。

在本族语者的语言中,存在构式心理现实性。如果这一假设成立的话,我们可以认为构式也构成了二语学习者语言能力的基础,同时二语学习者也可能进行隐性调整,调整其构式知识,使构式出现的词能够符合特定构式的偏向。例如,Gries & Wulff(2005)通过实验研究发现:

(1) 母语是德语的高级二语(英语)学习者在补全英语句子的任务中,展示了论元结构构式的种种表现,包括双及物构式的句法启动,如 The racing driver showed the helpful mechanic … ;介词与格构式,如 The racing driver showed the torn overall … 。

(2) 学习者的论元结构构式的语义知识,影响了其在分类任务中对句子的分类。

(3) 他们的启动效应与说英语的本地人非常相似,因为他们与本族语说者的动词范畴化偏向相似,尽管与这些动词在德语翻译中的次范畴偏向不相关。

实际上,无论是认知语言学还是二语习得理论,都重视并承认 L2 构式的存在,并对学习者的第二语言学习起促进作用。比如,在认知语言学框架内,出现了将结构主义语言研究与构式方法结合的极好的例子。Fries(1952)在他的《英语结构》(*Structure of English*)一书中区分了词汇意义和结构意义,认为结构意义关注的是特定型式由于不同的结构安排而产生的意义。在 Fries 看来,语言习得是有关词和型式的清单式学习。Roberts(1956)在《英语的型式》(*Patterns of English*)一书中,对 Fries(1952)的词和型式进行了系统编制,可供课堂教学使用。Fries 等人(1958)在《英语型式实践:建立作为习惯的型式》一书中采用视听说训练方式向初级和中级 EFL 学习者教授这些英语型式。

二语习得(SLA)理论一直强调习用语(phraseology)的重要性,重点关注单词句(holophrase)、预制的惯用语和型式、程式语、记忆的句子和词汇化的词干、词汇短语、程式、语块和构式等现象。

每一种学术英语和专门用途英语的体裁都有各自特色的习用语。事实上,对这些体裁的有效学习意味着对习用语的学习,并把词汇短语看成是适合教学的预制语言单位。同样,依据习语原则进行预测的词汇法(lexical approach),也关注口语中频繁出现的相对固定的表达式,并将其运用到教学中。

由此可见,二语习得从一开始就关注语言型式和语块,关注词汇意义和结构意义在语言学习中的重要作用。可以说,作为形-义结合体的构式是语言习得研究中必不可少的重要内容。因此,从构式语法的角度分析二语习得过程中的用法基础,在二语习得认知转向的当下,显得尤为重要。

6.2.2 ▶ 形式、功能和频率

下面从 L1 和 L2 构式学习中出现的形式、功能和频率的角度考察 L_2A 与基于用法的构式语法的关系。

构式语法认为,如果语言单位是构式,那么语言习得就是学习构式。(Goldberg 2006)因此,L_2A 取决于学习者的语言使用经验,取决于学习者所取得的成绩。在 L_2A 中,构式(形-义配对)学习常常与线索-结果偶然性(cue-outcome contingency)的联想学习有关。有关构式联想学习的心理学分析指出,这种联想学习受如下因素影响:

(1) 与形式相关的因素,如频率和突显;

(2) 与解释有关的因素,如整个语句的理解、典型性、普遍性、冗余和意外值;

(3) 与形式和功能不一致的相关因素;

(4) 与学习者注意相关的因素,如自动性、迁移、屏蔽、阻塞。

这些不同的心理语言学因素,在任何语言的构式习得和使用中都普遍存在,并共同作用。因此,语言习得的构式主义解释涉及语言流的分布分析及对偶然感知活动的并行分析。抽象构式学习是按照与输入和学习者认知相关的统计学习机制(statistical learning mechanism),在具体用法范例的共同作用下学得的。

学习的决定因素包括:

(1) 输入频率:构式频率、形符频率和类符频率、Zipfian(齐普夫)分布、近因(recency);

(2) 形式:突显和感知;

(3) 功能:意义的典型性、形式的信息理解的重要性、冗余;

(4) 形式和功能间的相互作用:形式-功能映射的偶然性。

下面,我们分别对这几个影响 L2 学习的决定因素做简要介绍。

(一) 输入频率

输入频率也称为接触频率,即接触某个语言形式的频率。接触频率能够促进学习和巩固。这是因为,频繁经历或接触到的构式,处理起来更容易。心理语言学研究表明,如何进行语言加工与各个层次的输入频率密切相关:输入频率影响语言处理的各个层面,包括语音和语音结构、阅读、拼写、词汇、形态句法、程式性语言、语言理解、语法性、句子的生成和句法。实际上,语言使用者对语言型式的输入频率非常敏感,并能有意识地关注并处理高频出现的语言型式。因此,这种强调输入作用的频率效应,能够为基于用法的语言习得模型提供重要的证据。

(二) 形符频率和类符频率

形符频率是用来计算输入中特定形式出现的频率。类符频率指不同词汇条目的数量,这些词汇条目在构式的给定槽位上可以替换,不管是用于屈折变化的词层面的构式,还是具体说明词与词关系的句法构式。例如,规则的英语过去式 -ed 的类符频率很高,因为 -ed 构式适用于成千上万不同类型的动词,而在 swam 和 rang 这类词中的元音变化,其类符频率则要低得多。语音、形态和句法型式的能产性与类符频率有关,而不是形符频率。这是因为:

(1)在构式的某一位置上听到的词汇项目越多,该构式与特殊词汇项目关联的可能性就越小,在那个位置出现的词汇项目就越有可能形成一般范畴;

(2)范畴覆盖的项目越多,其标准特性就越概括,就越有可能扩展到新项目上去;

(3)高类符频率确保构式的使用频率,因此巩固了其表征图式,从而更加有利于新项目的进一步使用。

相比之下,高类符频率促进不规则形式和习语的固化或储存。不规则形式能够保留下来,只是因为使用频率高。这些发现支持了语言在人类范畴的认知研究中的中心地位,同时也强调类符频率在分类中的重要性。

(三)齐普夫分布

在从范例中学习范畴的早期阶段,习得的优化是通过引进一个以典型范例为中心初始的、低差异(low-variance)范例的方式进行。这种低差异范例允许学习者计算出大多数范畴成员所占的位置。后来,范畴的界限由全宽度范例类型的经验所界定。比如,在儿童语言习得的范例中,就各种各样的动词-论元构式而言,存在一种很强的趋势,即独动词与其他使用的动词相比,出现频率非常高,突出反映了这些儿童母语言语的特点。动词论元构式(VACs)包括动词位置格构式(VL)、动宾位置格构式(VOL)及动词宾语双及物构式(VOO)。在自然语言中,齐普夫法则描述了频率最高的词是如何不成比例地占据大量的语言形符的。也就是说,频率最高的词出现的次数接近于第二高频率词的两倍,是第三高频率词的三倍,以此类推。因此,the 是出现频率最多的词,该词本身占所有出现的词的将近 7%。因此,齐普夫法则同样适用于这些 VAC 构式。具体地说,特定动词的形符占据每一个特定论元框架的最大部分;这个开创性的动词,同时也是构式典型意义来源的动词。

可见齐普夫式类符/形符分布及成员典型性的扩展,已扩展到构式的所有岛的情况。同时,齐普夫式类符/形符分布不仅适用于L_2A,也适用于L_1A,说明了句法和语义启动在语言习得中所发挥的重要作用,尤其是输入中频率分布可以被看成是一般语言图式的构式浮现。显然,这种来自频率分布的概括性与基于用法的构式语法思想是吻合的。

(四)近因

认知心理学研究表明,有三个因素决定记忆图式的激活:频率、近因和语境。语言加工同样反映出近因效应的作用。近因效应现象通常被称为启动现象。近因可以在语音、概念表征、词汇选择和句法中出现。句法启动是指优先地使用或优先加工之前接触过的句法结构。这一行为在听、说、读、写中都能有所体现。

二语启动效应研究由来已久,Gries & Wulff(2009)的研究就是一个极好的例子。他们的研究旨在探讨德国英语学习者是否会将动名词和不定式补足语结构当作象征单位储存起来。通过对国际英语语料库中动名词构式和不定式补语构式的语料库分析,他们较好地区分了两个构式之间的动词。然后,他们将这些动词用作实验刺激,用于完成句子及评定实验句子的可及性。Gries & Wulff(2009)还研究了两种短距离启动效应:

(1)被试在评级 ing- 构式或 to- 构式后,生成 ing-/to-/other 构式的频率;

(2)在完成前一个任务中,直接生成 ing- 构式或 to- 构式后,被试生成 ing-/to-/other 构式的频率,以及对被试累计启动的长时测量。

研究结果显示,动名词和不定式补足型式都表现出与特定动词有关的构式优先和启动效应,确认了动名词和不定式补语型式作为构式的地位。

(五) 形式(突显与感知)

刺激的一般感知强度通常是指刺激的突显度。一般来说,低突显信号往往不太容易学得。比如,联想学习(associative learning)中的选择性注意、突显、预期和惊奇是分析所有学习的关键因素。这些因素既包括对人类学习的分析,也包括对动物学习的分析。在联想式学习模式中,由线索-结果联想体验所引起的学习数量,主要依赖于线索的突显度和结果的重要性。

许多语法上的意义-形式关系,尤其是那些对二语学习者来说非常有难度的意义-形式关系,在语言流中都是低突显的意义-形式关系。比如说,语法小品词和英语第三人称单数-s这样的屈折变化,对二语学习者来说不太容易掌握,因此属于语言流中低突显的意义-形式关系。但是,有些语法上的意义-形式关系则要突显一些,对二语学习者来说,比较容易掌握。比如说,与标记一般现在时第三人称单数的-s语素相比,today在输入中的意义和形式关系的突显度要强一些。尽管这两者都提供了现在时间的线索,但today更容易被感知,而-s则容易被忽略或屏蔽。由此可见,对形式的突显与感知的强弱,也是影响L2学习的一个重要因素。

(六) 功能(意义的典型性)

范畴是有等级的结构,一些成员比另一些成员更具范例性质。在原型理论中,原型作为理想化中心,被描述为范畴中最典型的样本。原型能够恰当地概述一个范畴最具代表性的属性。作为范畴的一个典型例子,原型可作为对周边的、代表性较小的实例进行分类的基准。比如,与普遍特征较少或特征集合不够的鸟类(如鹅或信天翁)相比,人们能更迅速地将麻雀(或其他差不多大小、差不多颜色、差不多相似的喙、其他特征差不多的种类)划分为鸟类。一般来说,原型的判断迅速而又准确,即使是从未见过麻雀的人,如果知道鸟类的鉴别方法,也能迅速而准确地将麻雀归为鸟类。以此类推，一个范例的类符频率越高，该范例对界定范畴的贡献就越大，被认定为原型的概率就越高。教授一个概念最好的方法是展示该概念的一个范例。同理，介绍一个范畴的最好方法是展示一个原型范例。比如，二语学习者在特定的 VACs 中首次使用的动词，在功能上是典型的和类属的。就 VAC 构式而言，VL 中的 go，VOL 中的 put for 及 VOO 中的 give 都是最典型和最一般的功能。儿童语言习得也证明，这些形式具有相同的功能特性。比如，儿童语言中包含一小组具有普遍语义特征的动词，这些动词通常指轻动词，如 go, do, make, come。这些轻动词由于最典型、最常见，因而学习起来更容易，因为这些轻动词的大部分语义，是由添加了某些最小限度特殊元素的及物性图式概念组成的，因而这些轻动词在语义上表现得恰当、突显、频繁。因此，学习者一般从这些及物动词组合开始学习。之后，随着儿童的成长，这些一般用途动词继续得到使用，但是，随着儿童习得更多的特殊行为范畴的词，这些一般用途动词所使用的频率比例会越来越小。

（七）冗余

一般说来，冗余是指多余，或者说是多余的信号。在二语习得中，冗余信号不仅指许多语法上的意义-形式关系突显度较低，而且这些形式-意义关系也成为理解语句意义的冗余成分。具体来说，冗余信号通常指没有必要解释标记语法意义的屈折变化（如时态），因为这些屈折变化通常伴有表示时间指称的副词。大量自然习得的纵向研究和训练实验证明，二语学习者在习得过程中，大量依赖状语而不是标记时态的屈折变化。这一现象表明，由于冗余信号往往不会被习得，因此在二语习得中，如何从构式的角度突显语法上的意义-形式关系较低冗余信号，对提高二语学习者的注意和习得意识有很重要的作用。

（八）形式-功能映射的偶然性

联想学习的心理学研究就发现，尽管形式的频率很重要，但匹配的偶然性也很重要。例如，在鸟类范畴的学习中，尽管眼睛和翅膀在范例中的频率体验相等，但翅膀在区分鸟类和其他动物中具有独特性。翅膀是学习鸟类范畴的重要特征，因为翅膀能与群类成员建立可靠的联系，而眼睛却没有这样的功能。在联想学习中，与提示和解释之间的偶然性相比，出现的原始频率并不重要。形式-功能映射的区别性或可靠性是所有联想学习的驱动力。在某种程度上，该研究领域以"偶然性学习"而闻名。在经典条件下，如果一个人剔除条件刺激（CS）和非条件刺激（UCS）之间的偶然性，那么，保留下来的是 CS 和 UCS 之间的时间配对。但如果在 UCS 出现的位置上添加额外的试验，那么动物并不能发展对 CS 的条件反应。这个结论是学习理论发展史上的一个里程碑。因为这暗示着偶然性，不是时间上的配对，而是对条件的反应。目前，形式-功能映射偶然性研究仍然是一个活跃的研究领域。比如说，哪种统计方法能够用于计算形式-功能的偶然性？哪些方法能够预测形式-功能的偶然性对习得和加工的影响？这也是基于用法的构式语法实证研究转向的一个重要课题。

总之，无论是在 L1 还是 L2 中，都存在许多影响语言构式习得的因素，包括：

（1）频率、频率分布、形式类型的突显；

（2）频率、频率分布、语义类型的典型性和普遍性，以及其在理解整个构式中的重要性；

（3）（1）和（2）因素之间映射的可靠性；

（4）构式岛中不同成分相互提供信息，形成可预测语块的程度。

6.2.3 ▶ 关于意义和形式重构

如果说儿童母语习得是基于项目的构式习得，那么，二语习得则涉及对形式和意义的重构，或者说对构式的重构。以下简要介绍 L2 意义重构和 L2 形式重构两方面内容。

（一）L2 意义的重构

一直以来，认知语言学采用定性分析方法，探讨语言如何基于我们的经验和身体体验,并以一种非常特殊的方式表征世界。一种语言中词的意义及词如何结合使用,取决于我们对真实世界的感知和范畴化。由于我们在这个世界中不停地观察并发挥积极的作用,因此我们对构成世界的实体有了很多了解。这种体验和熟悉度就体现在语言的本质中。最终,我们了解的所有事物,以某种有意义的方式组织起来,并与我们的其他知识联系起来,而我们感知的一切则受我们的感知器和感知历史所影响。

语言反映了这种身体体验和这种经验。比如说,push,poke,pull,hold 这类动词的意义,以及来自其他语言中相似的词,都是语言对我们身体体验和感知世界经验的反映。当然,push,poke,pull,hold 这类词之间确实存在某些差异。从理论上来说,这些差异的产生涉及一个高级运动控制模式,包括手势、联合动作、动力、体和目标。这些因素都与上述动词的语言差异有关。这些感觉-运动特性是我们身体体验的一部分。它们构成我们的概念,并及时发挥作用。因此,认知语言学强调语言是如何在社会环境交互体验过程中,从参与处理语言的经验中学到的。在社会语境中,这些体验是通过交际意图、概念及与理解他人意义的方式实现的。因此,参与情景化行动是理解 L1 和 L2 意义与习得语言构式的基本要素。

再比如,空间语言意义的产生也与身体体验有关。空间语言的意义并不是 where 和 what 两种类型意义的简单相加。将介词表达 where 的宾语所提供的意义,添加到句子中描写 what 处所的其他意义成分上,这种做法并不是空间语义生成的方法。事实上,空间语言理解是以视觉处理系统为基础的,因为视觉处理系统与诸多因素有关,包括运动行为、对客观知识的多重限制、动态运动路径和功能几何分析等。从认知语言学的角度看,意义是体验的、动态的;意义是灵活的、在线建构的。像这样的意义是不能用 L2 规则简单地教会的,也不能用死记硬背的方式简单地学会。最佳的学习方式是在情景化的行动中学得。

构式是规约化的语言手段,可以用来对一个事件提供不同解释或识解。构式通过说者所具有的与特定语言相关的选择方式，建构与经验有关的各种概念和注意窗口。我们期望在描述情境时涉及各种因素，这些因素在突显度或详略度上有差异，而这种差异会影响主语、宾语、状语的选择和其他小句的安排。在语言理解中，抽象的语言构式，如简单的处所、与格和被动句，能够为听者提供"变焦镜头"，引导听者从特殊视角注意场景，同时虚化其他因素。语言有一个广泛的系统，语言的表达式、指称或语境的不同组成部分都存在不同程度的突显度。语言的注意系统包括大约 50 个基本因素。这些因素相互作用，共同"构建模块"。具体地说，每一个因素包括一个特殊的语言机制，可以用于增加或减少对某类语言实体的关注。学习一种语言意味着学习这种语言的各种不同的注意指向机制（attention-directing mechanism）。这些注意机制反过来也为 L1 学习者发展注意机制，同时也为 L2 学习者发展注意偏向提供基础。

语言引导其说者感受"为说而思"（thinking for speaking）的不同体验，进而以不同的方式识解这种体验。从跨语言的角度看，在叙述话语中，不同语言引导说者优先叙述事件的方法也不相同。由于语言用不同的方式实现这些注意指向的结果，因此，学习另一种为说而思，需要按 L2 本族语者识解世界的方式学习。就是说，学习另一种为说而思的方法，意味着需要学会"为说重思"（rethink for speaking）。二语习得中的迁移理论认为，如果所有的语言都以同样的方式使用这些注意指向装置，那么 L2 学习会比较容易；反之，则更难。在某种程度上，L2 中的构式与 L1 中的构式相似，L1 构式可以成为 L2 构式的基础。但是，由于在不同语言中，即使是相似的构式，也在细节方面存在差异，因此，习得 L2 型式的所有细节都会受到 L1 型式的限制。

(二) L2 的形式重构——跨语言迁移

和 L2 的意义重构一样，L2 的形式也存在重构现象。L2 的形式重构主要表现在跨语言迁移方面。对于儿童来说，语法的建构和语义/语用概念的建构是同步进行的。对于成人来说，语法的建构通常需要语义/语用概念修正,并伴有一个可能是更艰难的任务,即对相关语素成分的感知确认。L2 学习者与 L1 的儿童学习者不同,是因为 L2 学习者之前已经投入了大量资源,去估算另一语言的特性。另外,L2 学习者的本族语已相当流利,如果他们也使用与 L1 相同的方法去学习 L2,那么,他们的推断往往会受到迁移影响。同时,由于 L1 学习者调节母语的期望和选择性注意阻碍了 L2 形式的计算系统,因此表现出对自然主义用法的偏差估算。这是 L_2A 发展过程中的典型状态。

L2 学习过程中常常会出现下列一些情况:感知的形式缺乏突显度,某些形式未被学习者注意,语义/语用概念映射到不熟悉的 L2 形式,等等。在这些情况下,为了促进映射过程,额外的注意形式(focus on form)是有必要的。也就是说,在 L2 交际语境中,除了关注意义外,还需要关注形式。对形式的注意是 L2 学习的重要一环。

为了抵消 L1 的注意偏向,需要优化评估程序,即把所有的 L2 输入都统计在内。这一做法与 L_1A 的做法是一样的。也就是说,优化评估程序不仅仅针对 L_2A 典型的、带有偏向性质的、有限的样本,还应该聚焦 L2 目标导向(target-oriented)的教学效果。因此,有些情况下,显性教学比隐性教学方法更加有效。关注形式的教学,能够利用学习者显性的、有意识的加工帮助实现,从而使学习者能够巩固所使用的新奇 L2 构式,促进其在形式-功能方面的黏合。一旦构式以这种方式呈现,该构式在后续的隐性加工中就能够更新其用法频率的统计值,提高形式-功能匹配的概率。

为此,Ellis(2013)概括了认知语言学、构式语法和 SLA 研究的关系:

(1) 由于对学习者的语言进行了恰当的实证分析,儿童语言习得研究在过去的几十年中取得了很大进步。SLA 研究非常需要成人语言习得方面的纵向语料库,详细地调查语言输入和学习者 L2 构式方面的相关信息。

(2) 尽管已有很多研究关注使用中浮现的 VAC 构式及其在句法和语义方面的作用,但仍然需要对所有英语语法构式的类符-形符频率的用法分别进行研究。大型语料库,如英语国家语料库(BNC-BYU;Davies 2004—)或当代美国英语语料库(COCA;Davies 2008—),是对词汇和习用语形式研究的革新。但构式语法的主要动因强调,我们必须将语言形式、学习者认知和用法结合在起来。一个重要的结论是,构式不能单纯地依据语言形式、语义或使用频率来界定。在构式操作过程中,这三个因素都是必要的。最后一个步骤是必须的,因为动词的类符-形符频率分布,决定 VAC 作为抽象图式构式的习得,这是因为用法频率决定构式的固化与加工。

(3) 大量与频率因素相关的效应是决定构式习得难易程度的关键。迄今为止的研究倾向于每次进行一个研究,一个假设接一个假设,一个变量接一个变量。但是,研究真正需要的是一个用法模型,分析这些研究之间的相互影响,尤其是对习得的影响。我们可以单独测量这些因素,但得出的结论很模糊。还有很多问题需要解决,比如说,人类交互的需求是如何影响话语的内容,如何感知和解释连续的话语,用法片段如何融入学习者系统,系统如何相应地做出调整和反应,等等。针对这些问题,我们需要建立一个将这些因素纳入动态考虑的学习和发展模型中。

(4) 语言是关于交际所有方面的。认知、意识、经验、身体体验、大脑、自我和人类互动、社会、文化及历史都在语言中以一种丰富的、复杂的和动态的方式,不可分割地交织在一起。尽管这是一种错综复杂的关系,尽管缺乏有效的管理,尽管混乱无秩序,但是各种模式无处不在。语言模式不是由上帝、基因、学校课程或其他的人类政策所预先决定的。相反,语言模式是浮现的。为什么这么说?因为语言构式的共时形式有许多层次(语音、词汇、句法、语义、语用、话语、体裁等),还有历时表现,如动态用法模式、语言演变的历时模式,如语法化的语言周期、混杂语化、克里奥尔化等。另外,在儿童语言习得中,还存在个体发展模式、语言增长和衰落、支配和丢失的全球地理政治化模式等。除非我们了解它们之间的相互作用,否则我们不可能理解这些现象。

参 考 文 献

Barðdal, J. 2008. *Productivity: Evidence from Case and Argument Structure in Icelandic*. Amsterdam: John Benjamins Publishing Company.
Boas, H. C. 2013. Cognitive Construction Grammar. In T. Hoffmann & G. Trousdale (eds.). *The Oxford Handbook of Construction Grammar*. Oxford: Oxford University Press: 15-31.
Broccias, C. 2013. Cognitive Grammar. In T. Hoffmann & G. Trousdale (eds.). *The Oxford Handbook of Construction Grammar*. Oxford: Oxford University Press: 191-210.
Bybee, J. L. 2006. From Usage to Grammar: The Mind's Response to Repetition. *Language*, 82(4): 711-733.
Bybee, J. L. 2007. *Fluency of Use and the Organization of Language*. Oxford: Oxford University Press.
Bybee, J. L. 2010. *Language, Usage and Cognition*. Cambridge: Cambridge University Press.
Bybee, J. L. 2013. Usage-based Theory and Exemplar Representations of Constructions. In T. Hoffmann & G. Trousdale (eds.). *The Oxford Handbook of Construction Grammar*. Oxford: Oxford University Press: 49-69.
Chomsky, N. 1957. *Syntactic Structures*. The Hague: Mouton & Co.
Chomsky, N. 1959. Review of B. F. Skinner, *Verbal Behaviour* (New York: Appleton-Century Crofts, 1957). *Language*, 35: 26-58.
Chomsky, N. 1972. *Studies on Semantics in Generative Grammar*. The Hague: Mouton Publishers.
Chomsky, N. 1991. Some Notes on Economy of Derivation and Representation. In R. Freidin (ed.). *Principles and Parameters in Comparative Grammar*. Cambridge, MA: MIT Press: 417-454.
Croft, W. 2001. *Radical Construction Grammar: Syntactic Theory in Typological Perspective*. Oxford: Oxford University Press.
Croft, W. 2013. Radical Construction Grammar. In T. Hoffmann & G. Trousdale (eds.). *The Oxford Handbook of Construction Grammar*.

Oxford: Oxford University Press: 211-231.

Croft, W. & D. A. Cruse. 2004. *Cognitive Linguistics*. Cambridge: Cambridge University Press.

Dąbrowska, E. 2009. Words as Constructions. In V. Evans & S. Pourcel (eds.). *New Directions in Cognitive Linguistics*. Amsterdam: John Benjamins Publishing Company: 201-223.

De Clerck, B. & T. Colleman. 2013. From Noun to Intensifier: Massa and Massa's in Flemish Varieties of Dutch. *Language Sciences*, 36: 147-160.

Diessel, H. 2013. Construction Grammar and First Language Acquisition. In T. Hoffmann & G. Trousdale (eds.). *The Oxford Handbook of Construction Grammar*. Oxford: Oxford University Press: 347-364.

Ellis, N. & F. Ferrieira, Jr. 2009. Construction Learning as a Function of Frequency, Frequency Distribution and Function. *Modern Language Journal*, 93:370-386.

Ellis, N. 2013. Construction Grammar and Second Language Acquisition. In T. Hoffmann & G. Trousdale (eds.). *The Oxford Handbook of Construction Grammar*. Oxford: Oxford University Press: 365-378.

Fillmore, C. 1985. Syntactic Intrusions and the Notion of Grammatical Construction. *Proceedings of the Berkeley Linguistics Society*, 11: 73-86.

Fillmore, C. 1988. The Mechanisms of Construction Grammar. *Proceedings of the Berkeley Linguistics Society*, 14: 35-55.

Fillmore, C., P. Kay & M. K. O'Connor. 1988. Regularity and Idiomaticity: The Case of Let Alone. *Language*, 64(3): 501-538.

Fried, M. 2013. Principles of Constructional Change. In T. Hoffmann & G. Trousdale (eds.). *The Oxford Handbook of Construction Grammar*. Oxford: Oxford University Press: 15-31.

Fries, C. C. 1952. *The Structure of English*. New York: Harcourt, Brace and Co.

Fries, C. C., R. Lado & the Staff of the Michigan English Langauge Institute. 1958. *English Pattern Practices: Establishing the Patterns as Habits*. Ann Arbor: University of Michigan Press.

Goldberg, A. E. 1995. *Constructions: A Construction Grammar Approach to Argument Structure*. Chicago: Chicago University Press.

Goldberg, A. E. 2003. Constructions: A New Theoretical Approach to Language. *Trends in Cognitive Science*, 7(5): 219-224.

Goldberg, A. E. 2006. *Construction at Work: The Nature of Generalization in Language*. Oxford: Oxford University Press.

Goldberg, A. E. 2013. Constructionist Approaches. In T. Hoffmann & G. Trousdale (eds.). *The Oxford Handbook of Construction Grammar*. Oxford: Oxford University Press: 15-31.

Goldberg, A. E., D. Casenhiser & N. Sethuraman. 2004. Learning Argument Structure Generalizations. *Cognitive Liaguistics*, 15: 289-316.

Gries, S. T. 2003. *Multifactorial Analysis in Corpus Linguistics: A Case Study of Particle Placement*. London/New York: Continuum.

Gries, S. T. 2013. Data in Construction Grammar. In T. Hoffmann & G. Trousdale (eds.). *The Oxford Handbook of Construction Grammar*. Oxford: Oxford University Press: 93-108.

Gries, S. T. & S. Wulff. 2005. Do Foreign Language Learners Also Have Constructions? Evidence from Priming, Sorting and Corpora. *Annual Review of Cognitive Linguistics*, 3: 182-200.

Gries, S. T. & A. Stefanowitsch. 2004. Extending Collostructional Analysis: A Corpus-based Perspective on "Alternations". *International Journal of Corpus Linguistics*, 9(1): 97-129.

Gries, S. T. & S. Wulff. 2009. Psycholinguistic and Corpus-linguistic Evidence for L2 Constructions. *Annual Review of Cognitive Linguistics*, 7(1): 163-186.

Gurevich, O., J. Matt & A. E. Goldberg. 2010. Incidential Verbatim Memory for Language. *Language and Cognition*, 2(1): 45-78.

Hilpert, M. 2008. *Germanic Future Constructions: A Usage-based Approach to Language Change*. Amsterdam/Philadelphia: John Benjamins Publishing Company.

Hilpert, M. 2013a. *Constructional Change in English: Developments in Allomorphy, Word Formation, and Syntax*. Cambridge: Cambridge University Press.

Hilpert, M. 2013b. Corpus-based Approaches to Constructional Change. In T. Hoffmann & G. Trousdale (eds.). *The Oxford Handbook of Construction Grammar*. Oxford: Oxford University Press: 458-475.

Hoffmann, T. & G. Trousdale (eds.). 2013. *The Oxford Handbook of Construction Grammar*. Oxford: Oxford University Press.

Hudson, R. A. 1997. Inherent Variability. *Cognitive Linguistics*, 8: 73-108.

Hudson, R. A. 2007. *Language Networks: The New Word Grammar*. Oxford: Oxford University Press.

Kay, P. & C. J. Fillmore. 1999. Grammatical Constructions and Linguistic Generalizations: The What's X doing Y? Construction. *Language*, 75, 1-34.

Lakoff, G. 1987. *Women, Fire, and Dangerous Things: What Categories Reveal About the Mind*. Chicago: University of Chicago Press.

Langacker, R. W. 1987. *Foundations of Cognitive Grammar*, Vol. 1. Stanford, CA: Stanford University Press.

Langacker, R. W. 1991. *Foundations of Cognitive Grammar*, Vol. 2. Stanford, CA: Stanford University Press.

Langacker, R. W. 1999. *Grammar and Conceptualization*. Berlin: Mouton de Gruyter.

Langacker, R. W. 2000a. *Concept, Image and Symbol: The Cognitive Basis of Grammar*. 2nd edition. Berlin: Mouton de Gruyter.

Langacker, R. W. 2000b. A Dynamic Usage-based Model. In M. Barlow & S. Kemmer (eds.). *Usage-based Models of Language*. Standford, CA: CSLI Publications: 1-63.

Langacker, R. W. 2008. *Cognitive Grammar: A Basic Introduction*. Oxford: Oxford University Press.

Langacker, R. W. 2009. *Investigations in Cognitive Grammar*. Berlin: Mouton de Gruyter.

Mair, C. 2004. Corpus Linguistics and Grammaticalisation Theory: Statistics, Frequencies and Beyond. In H. Lindquist & C. Mair (eds.). *Corpus Approaches to Grammaticalisation in English*. Amsterdam: John Benjamins Publishing Company: 121-150.

Mukherjee, J. & S. Th. Gries. 2009. Collostructional Nativisation in New Englishes: Verb-Construction Associations in the International Corpus of English. *English World-Wide*, 30(1): 27-51.

Östman, J-O. & G. Trousdale. 2013. Dialects, Discourse, and Construction Grammar. In T. Hoffmann & G. Trousdale (eds.). *The Oxford*

Handbook of Construction Grammar. Oxford: Oxford University Press: 476-490.

Perek, F. 2015. *Argument Structure in Usage-Based Construction Grammar*. Amsterdam/Philadelphia: John Benjamins Publishing Company.

Roberts, P. 1956. *Patterns of English*. New York: Harcourt, Brace and World.

Reali, F. & M. H. Christiansen. 2005. Uncovering the Richness of the Stimulus: Structure Dependence and Indirect Statistical Evidence. *Cognitive Science*, 29: 1007-1028.

Saussure, F. de. 2001. *Course in General Linguistics*. Beijing: Foreign Language Teaching and Research Press.

Schneider, E. W. 2007. *Postcolonial English: Varieties Around the World*. Cambridge: Cambridge University Press.

Siewierska, A. & W. Hollmann. 2007. Ditransitive Clauses in English with Special Reference to Lancashire English. In M. Hannay & G. J. Steen (eds.). *Structural-functional Studies in English Grammar*. Amsterdam: John Benjamins Publishing Company: 83-102.

Stefanowitsch, A. 2013. Collostructional Analysis. In T. Hoffmann & G. Trousdale (eds.). *The Oxford Handbook of Construction Grammar*. Oxford: Oxford University Press: 290-306.

Stefanowitsch, A. & S. Th. Gries. 2003. Collostructions: Investigating the Interaction of Words and Construction. *International Journal of Corpus Linguistics*, 8(2): 209-243.

Tomasello, M. 2003. *Constructing a Language*. Cambridge and London: Harvard University Press.

Tomasello, M. & P. Brooks. 1998. Young Children's Earliest Transitive and Intransitive Constructions. *Cognitive Linguistics*, 9: 379-395.

Talmy, L. 2000. *Toward a Cognitive Semantics. Vol. 1: Concept Structuring System*. Cambridge, MA: MIT Press.

Traugott, E. C. & G. Trousdale. 2013. *Constructionalization and Constructional Changes*. Oxford: Oxford University Press.

Wierzbicka, A. 1988. *The Semantics of Grammar*. Amsterdam: John Benjamins Publishing Company.

Wulff, S. 2008. *Rethinking Idiomaticity: A Usage-based Approach*. London and New York: Continuum.

Wulff, S. 2013. Words and Idioms. In T. Hoffmann & G. Trousdale (eds.). *The Oxford Handbook of Construction Grammar*. Oxford: Oxford University Press: 274-289.

李健雪,王焱. 2015.《构式化与构式演变》评介. 现代外语,(2):287—290.

严敏芬,李健雪. 2016.《英语中的构式演变:语素变体、构词和句法的发展》评介. 外语教学与研究,(1):155—158.